Nomen

W0215857

Ordne die Nomen.

die Zukunft	der Boxer	die Vase	der Tee
die Freiheit	der Fuchs	die Nuss	der Pilz
der Donner	das Glück	die Brille	der Arzt
die Schärfe	das Feuer	das Blatt	der Duft
der Wecker	die Gefahr	der Spaß	der Müll
der Gesang	das Gebell	der Stuhl	das Reh
das Messer	der Hunger	der Durst	das Bett
der Gestank	der Geruch	der Fluss	die Qual
der Schmerz	der Frieden	der Vogel	das Lied

Konkrete Nomen Menschen, Tiere, Pflanzen, Dinge

der Boxer

Abstrakte Nomen Man kann es nur hören, riechen, schmecken, fühlen oder sich vorstellen.

die Zukunft

Nomen

Ordne die Nomen.			
die Spritze	die Angst	die Hitze	die Uhr
die Wärme	der Teller	der Fleiß	die Kuh
die Melodie	der Löffel	die Kälte	die Wut
die Heizung	die Tasse	der Lärm	der Igel
das Gejaule	die Tanne	der Käfig	der Ball
der Schreck	die Kanne	die Ruhe	das Bild
das Geschrei	der Schall	der Vater	das Ohr
das Geflüster	die Straße	der Käfer	die Kraft
das Geräusch	die Freude	die Katze	die Wahl

Konkrete Nomen Menschen, Tiere, Pflanzen, Dinge

				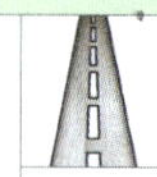	
				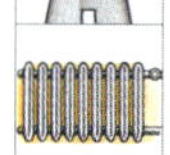	
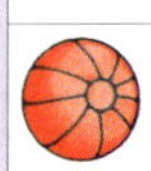		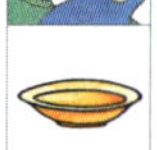		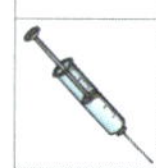	die Spritze
		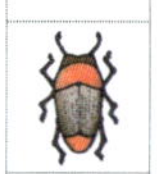			
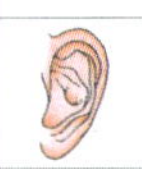					
		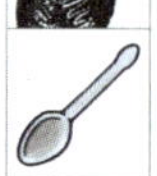			

Abstrakte Nomen Man kann es nur hören, riechen, schmecken, fühlen oder sich vorstellen.

die Angst

Nomen

Kreuze die Nomen an und schreibe sie groß.

☒ hitze	☒ päckchen	☒ maschine	☐ zuletzt	☒ gewitter
Hitze	Päckchen	Maschine	Gewitter	
☐ baby	☐ hoffentlich	☐ kuss	☐ ruhe	☐ radio
☐ vielleicht	☐ biene	☐ angst	☐ kälte	☐ straße
☐ herbst	☐ beruf	☐ brille	☐ messer	☐ niemals
☐ boot	☐ höhle	☐ gefühl	☐ obst	☐ draußen
☐ käfer	☐ bloß	☐ lied	☐ brief	☐ quelle
☐ handy	☐ bisschen	☐ qual	☐ märz	☐ katze
☐ ohne	☐ glück	☐ pizza	☐ papier	☐ onkel
☐ nuss	☐ puppe	☐ wahl	☐ käfig	☐ während
☐ fleiß	☐ strand	☐ löffel	☐ zurück	☐ schnee
☐ anders	☐ stoff	☐ verein	☐ vogel	☐ teddy
☐ vater	☐ bevor	☐ fluss	☐ blitz	☐ freude

Nomen

Kreuze die Nomen an und schreibe sie groß.

☐ ähnlich	☒ freiheit	☒ zeugnis	☒ müll	☒ zeitung
Freiheit	Zeugnis	Müll		Zeitung
☐ pferd	☐ wecker	☐ ärztin	☐ hunger	☐ bequem
☐ tasse	☐ durst	☐ sohn	☐ schief	☐ magnet
☐ fuchs	☐ geruch	☐ vase	☐ fleißig	☐ wasser
☐ stark	☐ clown	☐ taxi	☐ bett	☐ erlebnis
☐ frieden	☐ ungefähr	☐ keks	☐ brücke	☐ lehrerin
☐ traum	☐ wiese	☐ teller	☐ dreckig	☐ zucker
☐ strauß	☐ ruhig	☐ wald	☐ spaß	☐ winter
☐ text	☐ stiel	☐ stuhl	☐ europa	☐ bestimmt
☐ brand	☐ süß	☐ schuh	☐ draht	☐ gefahr
☐ tanne	☐ bäcker	☐ fehler	☐ quadrat	☐ wichtig
☐ strom	☐ pilz	☐ treu	☐ kiefer	☐ mutter

Bilde Nomen.

Verb	Artikel	Nomen
arbeiten	die	Arbeit
blitzen	der	
knallen	der	
streiten	der	
danken	der	
loben	das	
blicken	der	
siegen	der	
reizen	der	
spielen	das	
tippen	der	
schlucken	der	
fangen	der	
scheinen	der	
tauschen	der	
schlafen	der	
schreien	der	
tanken	der	
sitzen	der	
antworten	die	
gewinnen	der	
versuchen	der	
verbrauchen	der	

Verb	Artikel	Nomen
donnern	der	
feiern	die	
schaukeln	die	
wechseln	der	
sprudeln	der	
flüchten	die	Flucht
träumen	der	
grüßen	der	
wählen	die	
küssen	der	
wünschen	der	
glänzen	der	
strömen	der	
schützen	der	
quälen	die	
stürzen	der	
drücken	der	
hängen	der	
singen (Ge-)	der	Gesang
fühlen (Ge-)	das	
hören (Ge-)	das	
riechen (Ge-)	der	
schmecken (Ge-)	der	

Zusammengesetzte Nomen

Bilde zusammengesetzte Nomen und schreibe sie mit Artikel auf.

Arzt	+	die Praxis	Lehrer	+	das Zimmer
die Arztpraxis					
Bett	+	die Decke	Hunger	+	das Gefühl
Regen	+	der Wald	Taxi	+	der Fahrer
Brot	+	das Messer	Brand	+	der Schutz
Hunde	+	der Haufen	Pferde	+	die Decke
Tannen	+	der Baum	Blumen	+	der Strauß
Straßen	+	der Lärm	Bienen	+	das Wachs
Bücher	+	das Regal	Bilder	+	der Rahmen
Arzt	+	der Termin	Herbst	+	der Tag
Laub	+	der Baum	Schlüssel	+	das Loch
Bett	+	das Tuch	Schiff	+	die Fahrt
Stoff	+	die Farbe	Schluss	+	der Satz

! Das Aufeinandertreffen zweier oder dreier gleicher Buchstaben bei Wortzusammensetzungen sollte mit den Kindern besprochen werden.

Zusammengesetzte Nomen

Bilde zusammengesetzte Nomen und schreibe sie mit Artikel auf.

Hochzeits + das Kleid	Boots + die Fahrt
das Hochzeitskleid	
Berufs + die Wahl	Führungs + das Tor
Mittags + die Zeit	Verkehrs + der Lärm
Urlaubs + der Tag	Geschäfts + die Frau
Arbeits + der Platz	Zeitungs + der Leser
Glücks + das Gefühl	Lebens + der Raum
Schiffs + der Arzt	Zwillings + das Paar
Monats + der Lohn	Zukunfts + die Angst
Wohnungs + die Tür	Nahrungs + die Quelle
Friedens + die Pfeife	Unterrichts + das Ziel
Geruchs + der Sinn	Königs + der Sohn
Gefühls + die Sache	Geburts + die Stunde

! Das Fugen-s ist das am häufigsten vorkommende Fugenzeichen. Es vereinfacht die Aussprache der Wörter.

Zusammengesetzte Nomen

Bilde zusammengesetzte Nomen und schreibe sie mit Artikel auf.

jung	+	der Vogel	fett	+	der Fleck
der Jungvogel					
dick	+	die Milch	spät	+	der Herbst
groß	+	die Stadt	heiß	+	der Hunger
spitz	+	die Maus	schwarz	+	der Wald
süß	+	der Stoff	weit	+	der Blick
lang	+	die Strecke	schnell	+	das Boot
neu	+	die Wahl	klein	+	die Familie
hohl	+	der Raum	trocken	+	die Zeit
bunt	+	der Specht	fein	+	das Gefühl
kalt	+	das Wasser	fremd	+	das Wort
rot	+	der Fuchs	weiß	+	die Tanne
tief	+	der Flug	warm	+	die Miete

Zusammengesetzte Nomen

Bilde zusammengesetzte Nomen und schreibe sie mit Artikel auf.

backen + der Ofen	bohren + die Maschine
der Backofen	
nähen + das Zeug	gießen + die Kanne
fressen + der Napf	kennen + das Zeichen
drehen + der Stuhl	heizen + der Körper
mixen + das Getränk	rühren + der Löffel
reißen + der Zahn	schimpfen + das Wort
riechen + das Organ	packen + das Papier
schalten + das Jahr	messen + der Becher
treffen + der Punkt	schließen + das Fach
leuchten + der Turm	brennen + die Nessel
klettern + die Pflanze	wechseln + das Geld
raten + die Show	schieben + die Tür

Unterstreiche Satzanfänge und Nomen und schreibe richtig.

im wald liegen nüsse neben pilzen unter tannen und kiefern im moos. 7

beim blick in die zeitung entdeckt felix viele fehler in texten und rätseln. 7

omi sucht die freiheit. sie reist zum beispiel mit der bahn durch europa. 6

leo hat ein ziel. in der zukunft möchte er clown und kein lehrer mehr sein. 6

Im Wald liegen Nüsse neben Pilzen unter Tannen und Kiefern im Moos.

Omi reist gerne.

Die unterstrichene graue Zahl zeigt die Anzahl der Großschreibungen an.

Schreibe die Texte auf Seite 12 neben die passenden Bilder.

- ☒ Die Eiche hat einen kräftigen Stamm. In der Höhe rauscht das Laub im Wind.
- ○ Bäcker holen Brote aus der Hitze des Ofens. Ein feiner Duft liegt in der Luft.
- ○ Die Natur braucht unseren Schutz. Müll und Dreck sind eine Gefahr für sie.
- ○ Es gewittert. Das Licht der Blitze ist schneller als der Schall des Donners.
- ○ Mit Fleiß und Glück findet Opa seine Brille in einem Haufen Müll wieder.
- ○ Thea sitzt im Theater. Das Stück ist langweilig. Sie hat Hunger und Durst.

Markiere Trennstellen und schreibe die Wörter getrennt auf.

Be|ruf	Europa	Schärfe	Geschrei
Natur	Geruch	Technik	Gemeinde
Geburt	Zukunft	Melodie	Deutschland

Be-ruf

Schreibe die Texte von Seite 11 neben die passenden Bilder.

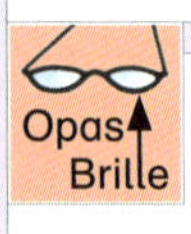

Die Eiche hat einen kräftigen Stamm. In der Höhe rauscht das Laub im Wind.

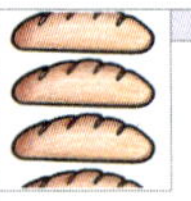

-heit

Bilde Nomen mit dem Wortbaustein **-heit**.

~~frei~~	blind	schön	schlau	gemein
faul	frech	selten	dunkel	gesund
klar	wahr	dumm	beliebt	trocken
echt	krank	sicher	einfach	berühmt

frei -heit die Freiheit

-heit die

-heit die

-heit die

-heit die

-heit die

-heit die

-heit die

-heit die

-heit die

-heit die

-heit die

-heit die

-heit die

-heit die

-heit die

-heit die

-heit die

-heit die

-heit die

Bilde Nomen mit dem Wortbaustein **-keit**.

~~neu~~ (-ig-)	~~heiter~~	flüssig	ähnlich	langsam
süß (-ig-)	häufig	ehrlich	schnell (-ig-)	ängstlich
hell (-ig-)	feucht (-ig-)	wichtig	fröhlich	schwierig
klein (-ig-)	traurig	sauber	deutlich	empfindlich

neu -keit die Neuigkeit
heiter -keit die Heiterkeit
-keit die
-keit die
-keit die
-keit die
-keit die
-keit die
-keit die
-keit die
-keit die
-keit die
-keit die
-keit die
-keit die
-keit die
-keit die
-keit die
-keit die
-keit die

-ung

Bilde Nomen mit dem Wortbaustein -ung.

führen	sammeln	kreuzen	entfernen	verbrennen
heizen	zeichnen	erklären	herstellen	überqueren
impfen	bezahlen	erzählen	verpacken	beobachten
ändern	verletzen	erwarten	entwickeln	verschmutzen

führen -ung die Führung

sammeln -ung die Sammlung

-ung die

-ung die

-ung die

-ung die

-ung die

-ung die

-ung die

-ung die

-ung die

-ung die

-ung die

-ung die

-ung die

-ung die

-ung die

-ung die

-ung die

-ung die

Bilde Nomen mit dem Wortbaustein -e.

kalt	-e	die Kälte	stark	-e	die
still	-e	die	scharf	-e	die
treu	-e	die	warm	-e	die
tief	-e	die	fremd	-e	die
weit	-e	die	fragen	-e	die Frage
nah	-e	die	lieben	-e	die
groß	-e	die	spitzen	-e	die
hohl	-e	die	reisen	-e	die
nass	-e	die	wiegen	-e	die
glatt	-e	die	spritzen	-e	die
lang	-e	die	stimmen	-e	die
hart	-e	die	skizzieren	-e	die

Bilde Nomen mit dem Wortbaustein -er.

malen	-er	der Maler	backen	-er	der
lehren	-er	der	wählen	-er	der
boxen	-er	der	bohren	-er	der
mixen	-er	der	stecken	-er	der
öffnen	-er	der	schalten	-er	der
fehlen	-er	der	klettern	-er	der
siegen	-er	der	wecken	-er	der
fühlen	-er	der	zeichnen	-er	der
helfen	-er	der	verlieren	-er	der
lesen	-er	der	gewinnen	-er	der

Bilde Nomen mit dem Wortbaustein **-in** und ihre Mehrzahl mit **-innen**.

	-in	-innen
der Polizist	die Polizistin	die Polizistinnen
der Arzt	die	die
der Bäcker	die	die
der Lehrer	die	die
der Autor	die	die
der Boxer	die	die
der Koch	die	die
der Pilot	die	die
der Maler	die	die
der Richter	die	die
der Friseur	die	die

Bilde Nomen mit dem Wortbaustein **-nis** und ihre Mehrzahl mit **-nisse**.

	-nis	-nisse
ereignen	das Ereignis	die Ereignisse
ergeben	das	die
erzeugen	das	die
erleben	das	die
erlauben	die	die
erkennen (-t-)	die	die
ärgern	das	die
hindern	das	die
geheim	das	die

Unterstreiche Satzanfänge und Nomen und schreibe richtig.

X	ein bäcker und eine bäckerin backen brote. elf bäckerinnen backen kekse.	7
	lea ist lehrerin. an ihrer schule unterrichten mehr lehrerinnen als lehrer.	6
	paul ist arzt und paula ärztin. auch ihre acht schwestern sind ärztinnen.	7
	berta ist boxerin und ihr hund ein boxer. viele boxerinnen halten boxer.	7

Lehrermangel

Paula ist Ärztin.

Aus Teig wird Brot.

Ein Bäcker und eine Bäckerin backen Brote. Elf Bäckerinnen backen Kekse.

Berta mag Boxer.

Schreibe die Texte auf Seite 20 neben die passenden Bilder.

☒	Nicht jedes Erlebnis zählt zu den schönsten Erlebnissen des Lebens.	-nis
○	Gero hält kein Geheimnis geheim. Deshalb hat Gero keine Geheimnisse.	-nis
○	Lehrer und Lehrerinnen erteilen ohne eine Erlaubnis keine Erlaubnisse.	-nis
○	Das Ergebnis von *0 : 14* ist eines der besten Ergebnisse des FC Stolperfuß.	-nis
○	Opas *121*. Geburtstag war ein Ereignis. Solche Ereignisse sind selten.	-nis
○	Erni und Gert erhalten ihr Zeugnis. Die Zeugnisse sind sehr unterschiedlich.	-nis

Markiere Trennstellen und schreibe die Wörter getrennt auf.

Här|te	Freiheit	Kreuzung	Zeichnerin
Stärke	Heizung	Erwartung	Feuchtigkeit
Zeitung	Freundin	Geheimnis	Beobachtung

Här-te

Neben den Abschreibsätzen wird jeweils auf den rechtschreiblichen Schwerpunkt verwiesen.

Abschreiben

Schreibe die Texte von Seite *19* neben die passenden Bilder.

0:14

Was hast du erlebt?

Nicht jedes Erlebnis zählt zu den schönsten Erlebnissen des Lebens.

Opa wurde *121.*

Wer hat das erlaubt?

Gero verrät viel.

Gert hat gute Noten.

b oder p | d oder t | g oder k

b oder p, d oder t, g oder k? Verlängere zuerst.

Wort	Auswahl	Verlängerung	Wort	Auswahl	Verlängerung	Wort	Auswahl	Verlängerung
her b	(b) p	herbe	das Lich t	d (t)	Lichter	das Fahrzeu g	(g) k	Fahrzeuge
gu ___	d t		der Zwei ___	g k		das Quadra ___	d t	
der Sta ___	b p		feuch ___	d t		schlan ___	g k	
star ___	g k		das Lie ___	d t		der Stran ___	d t	
das Bil ___	d t		der Krie ___	g k		das Geschäf ___	d t	
der Ta ___	g k		der Mona ___	d t		das Geschen ___	g k	
der Tex ___	d t		das Kal ___	b p		das Spielzeu ___	g k	
das Sie ___	b p		das Pfer ___	d t		schrä ___	g k	
das Boo ___	d t		kran ___	g k		das Schil ___	d t	
der Kor ___	b p		der Wal ___	d t		interessan ___	d t	

! Die Aufgabenstellung lässt unterschiedliche Lösungen zu.

b oder p | d oder t | g oder k

b oder p, d oder t, g oder k? Verlängere zuerst.

das Ra d	(d)	t	die Bur__	g	k	spannen__	d	t
Räder								
gro__	b	p	das Lan__	d	t	das Mikrosko__	b	p
bun__	d	t	der Erfol__	g	k	das Schwer__	d	t
lie__	b	p	frem__	d	t	der Schran__	g	k
run__	d	t	der Zwer__	g	k	der Rekor__	d	t
hal__	b	p	der Bran__	d	t	die Fabri__	g	k
wil__	d	t	die Ban__	g	k	der Magne__	d	t
der Ber__	g	k	das Pake__	d	t	der Urlau__	b	p
der Zu__	g	k	der Hun__	d	t	das Gesich__	d	t
gel__	b	p	das Klei__	d	t	der Aben__	d	t

b oder p | d oder t | g oder k

b oder p, d oder t, g oder k? Verlängere zuerst.

das Bro t	d	(t)	blin__	d	t	das Hem__	d	t
Brote								
der Die__	b	p	das Fel__	d	t	der Katalo__	g	k
spä__	d	t	der Kru__	g	k	gesun__	d	t
flin__	g	k	das Kin__	d	t	das Geträn__	g	k
der Arz__	d	t	der Mitta__	g	k	der Mun__	d	t
der We__	g	k	die Han__	d	t	der Ausflu__	g	k
har__	d	t	das Gra__	b	p	der Freun__	d	t
klu__	g	k	der Ty__	b	p	das Gelen__	g	k
trü__	b	p	das Gel__	d	t	der Umzu__	g	k
das Zel__	d	t	der Ran__	d	t	der Anzu__	g	k

b oder p | d oder t | g oder k

b oder p, d oder t, g oder k? Verlängere zuerst.

sie zei g t	(g)	k	sie wir d	(d)	t	er erle __ t	b	p
wir zeigen			wir werden			wir		
er lie __ t	b	p	er pie __ t	b	p	sie bewe __ t	g	k
wir			wir			wir		
er hu __ t	b	p	er ma __	g	k	er pum __ t	b	p
wir			wir			wir		
sie fra __ t	g	k	er dan __ t	g	k	er erlau __ t	b	p
wir			wir			wir		
sie ü __ t	b	p	sie den __ t	g	k	sie pfle __ t	g	k
wir			wir			wir		
sie ho b	(b)	p	sie tran __	g	k	er schrie __	b	p
wir heben			wir			wir		
er bo __	g	k	er blie __	b	p	sie schlu __	g	k
wir			wir			wir		
sie la __	g	k	er flo __	g	k	er schwie __	g	k
wir			wir			wir		
sie ga __	b	p	es stan __	g	k	sie scho __	b	p
wir			wir			wir		
sie tru __	g	k	sie wo __	g	k	er verbo __	d	t
wir			wir			wir		

Verben

Ordne die Verbformen zu.

übt	sagt	log	lebte	geübt	gelogen
gibt	zeigt	hob	legte	gelebt	gegeben
lebt	gräbt	gab	sagte	gelegt	gehoben
legt	findet	fand	zeigte	gesagt	gefunden
lügt	erlaubt	übte	schlug	erlaubt	gegraben
hebt	schlägt	grub	erlaubte	gezeigt	geschlagen

leben	graben	geben
es lebt (Gegenwart) es lebte (1. Vergangenheit) es hat gelebt (2. Vergangenheit)	er gräbt (Gegenwart) er grub (1. Vergangenheit) er hat gegraben (2. Vergangenheit)	sie ____ (Gegenwart) sie ____ (1. Vergangenheit) sie hat ____ (2. Vergangenheit)
üben	**erlauben**	**schlagen**
er ____ (Gegenwart) er ____ (1. Vergangenheit) er hat ____ (2. Vergangenheit)	sie ____ (Gegenwart) sie ____ (1. Vergangenheit) sie hat ____ (2. Vergangenheit)	es ____ (Gegenwart) es ____ (1. Vergangenheit) es hat ____ (2. Vergangenheit)
legen	**lügen**	**finden**
es ____ (Gegenwart) es ____ (1. Vergangenheit) es hat ____ (2. Vergangenheit)	er ____ (Gegenwart) er ____ (1. Vergangenheit) er hat ____ (2. Vergangenheit)	sie ____ (Gegenwart) sie ____ (1. Vergangenheit) sie hat ____ (2. Vergangenheit)
sagen	**zeigen**	**heben**
er ____ (Gegenwart) er ____ (1. Vergangenheit) er hat ____ (2. Vergangenheit)	sie ____ (Gegenwart) sie ____ (1. Vergangenheit) sie hat ____ (2. Vergangenheit)	sie ____ (Gegenwart) sie ____ (1. Vergangenheit) sie hat ____ (2. Vergangenheit)

Verben

Ordne die Verbformen zu.					
jagt	klebt	trug	klebte	erlebt	bewegt
lobt	pflegt	jagte	pflegte	gejagt	geklebt
~~tobt~~	erlebt	lobte	erlebte	gelobt	gepflegt
folgt	glaubt	~~tobte~~	glaubte	~~getobt~~	getragen
fragt	bewegt	folgte	bewegte	gefolgt	geglaubt
trägt	empfindet	fragte	empfand	gefragt	empfunden

toben	kleben	glauben
es tobt (Gegenwart)	es ______ (Gegenwart)	er ______ (Gegenwart)
es tobte (1. Vergangenheit)	es ______ (1. Vergangenheit)	er ______ (1. Vergangenheit)
es hat getobt (2. Vergangenheit)	es hat ______ (2. Vergangenheit)	er hat ______ (2. Vergangenheit)
jagen	**folgen**	**tragen**
es ______ (Gegenwart)	sie ______ (Gegenwart)	sie ______ (Gegenwart)
es ______ (1. Vergangenheit)	sie ______ (1. Vergangenheit)	sie ______ (1. Vergangenheit)
es hat ______ (2. Vergangenheit)	sie ist ______ (2. Vergangenheit)	sie hat ______ (2. Vergangenheit)
loben	**fragen**	**pflegen**
sie ______ (Gegenwart)	er ______ (Gegenwart)	er ______ (Gegenwart)
sie ______ (1. Vergangenheit)	er ______ (1. Vergangenheit)	er ______ (1. Vergangenheit)
sie hat ______ (2. Vergangenheit)	er hat ______ (2. Vergangenheit)	er hat ______ (2. Vergangenheit)
erleben	**bewegen**	**empfinden**
er ______ (Gegenwart)	sie ______ (Gegenwart)	es ______ (Gegenwart)
er ______ (1. Vergangenheit)	sie ______ (1. Vergangenheit)	es ______ (1. Vergangenheit)
er hat ______ (2. Vergangenheit)	sie hat ______ (2. Vergangenheit)	es hat ______ (2. Vergangenheit)

Wortfamilien

Ordne die Wörter zu Wortfamilien.

wild	wiegen	pflegte	biegsam	schieben	verwildert
geben	Pfleger	sie bog	Wilderer	Pflegerin	abwiegen
wilder	pflegen	sie gab	gegeben	gewogen	wildfremd
Wiege	Wildnis	er biegt	angeben	sie pflegt	geschoben
er gibt	sie wog	gepflegt	gebogen	sie schob	anschieben
biegen	es wiegt	Biegung	abgeben	er schiebt	verschieben

Wortstamm GEB

geben　　sie gab

Wortstamm BIEG

Wortstamm WILD

Wortstamm WIEG

Wortstamm PFLEG

Wortstamm SCHIEB

b oder p | d oder t | g oder k

b oder p, d oder t, g oder k? Verlängere zuerst.

die Berg bahn / Berge	(g) oder k	die Blind heit / blinde	(d) oder t	der Schreib fehler / schreiben	(b) oder p
das Flu __ zeug	g oder k	der Wal __ lauf	d oder t	das Schal __ jahr	d oder t
die Hal __ kugel	b oder p	die Lan __ karte	d oder t	der Star __ strom	g oder k
der Spä __ herbst	d oder t	das Lie __ chen	d oder t	das Schla __ zeug	g oder k

b oder p, d oder t, g oder k? Verlängere zuerst.

mutig	d oder t	der Mut	der Mut
stau __ ig	b oder p	der Stau __	
nieman __ en	d oder t	nieman __	
jeman __ en	d oder t	jeman __	
Hunder __ e	d oder t	hunder __	
Tausen __ e	d oder t	tausen __	
der Frie __ en	d oder t	frie __ lich	
empfin __ en	d oder t	empfin __ lich	
wir stan __ en	d oder t	sie stan __	
wir zo __ en	g oder k	es zo __	
erlau __ en	b oder p	die Erlau __ nis	
erle __ en	b oder p	das Erle __ nis	

! Die obere Aufgabenstellung lässt unterschiedliche Lösungen zu.

Schreibe die Texte auf Seite 30 neben die passenden Bilder.

☒	Ulf sucht jemanden für eine Brieffreundschaft. Hat jemand Interesse?	d oder t
○	Ulf findet niemanden für eine Brieffreundschaft. Niemand hat Interesse.	d oder t
○	Wir empfinden Ruhe als Wohltat und reagieren empfindlich auf Lärm.	d oder t
○	Wann herrscht überall Frieden? Wann leben wir alle friedlich miteinander?	d oder t
○	Vorgestern standen alle Ampeln auf Rot. Das stand gestern in der Zeitung.	d oder t
○	Tausende von Clowns zählten aus Spaß etwa tausendmal bis tausend.	d oder t

Markiere Trennstellen und schreibe die Wörter getrennt auf.

Ur|laub	Zeugnis	Flugzeug	Laubbaum
Jugend	tausend	Erlaubnis	jugendlich
jemand	Erlebnis	Landkarte	Strandkorb

Ur-laub

Schreibe die Texte von Seite 29 neben die passenden Bilder.

Ulf sucht jemanden für eine Brieffreundschaft. Hat jemand Interesse?

FRIEDEN
PEACE
PAIX

Unterstreiche Satzanfänge und Nomen und schreibe richtig.

erni und gert möchten die natur erleben. die natur bietet ihnen viele erlebnisse. 6

die kinder erlauben sich mit der erlaubnis ihrer lehrerin einige scherze. 5

vor mehreren zeugen malte maik pilze und ein reh auf sein zeugnis. 6

erst zogen regenwolken auf. dann zog susi sich eine regenjacke über. 5

Wir lieben Scherze!

NATUR

Erni und Gert möchten die Natur erleben.
Die Natur bietet ihnen viele Erlebnisse.

Merkwörter mit X/x

Trage die Merkwörter mit X/x in die Lücken ein.

Axt	Nixe	exakt	Praxis	Xylofon	Experten
Mix	Hexe	Mixer	Obelix	Lexikon	Exemplar
Taxi	Texte	boxen	Mexiko	Saxofon	Experiment

Versuch: Experiment • Arbeitsraum des Arztes: ______

Asterix und ______ • Sie reitet auf dem Besen: ______

Wassergeist: ______ • Blasinstrument: ______

prügeln, schlagen: ______ • Damit hackt man Holz: ______

Die Autorin schreibt lustige ______. • Land: ______

Verkehrsmittel: ______ • Schlaginstrument: ______

Gerät zum Mixen: ______ • Fachleute: ______

Mischung: ______ • Nachschlagewerk: ______

genau: ______ • einzelnes Stück: ______

Trage die Merkwörter mit X/x in die Lücken ein.

Nixen/Texte	Taxi/Mexiko	boxen/Mixer	Saxofon/Xylofon
Axt/Lexikon	Hexe/Praxis	Exemplar/exakt	Expertin/exotische

Ein Saxofon klingt anders als ein Xylofon.

Dr. Karies behandelt die kleine ______ in seiner ______.

Der lustige Pedro fährt ______ in ______.

Das Wort ______ ist im ______ unter A/a eingeordnet.

______ schreiben ______ stets mit wasserfester Tinte.

Die Boxer ______ im Ring um einen neuen ______.

Pia Piep ist ______ für ______ Vögel.

Ein ______ des Buches kostet ______ *11 €*.

! Mit bearbeiteten Lückentexten können Kinder das richtige Abschreiben üben.

Merkwörter mit V/v

Trage die Merkwörter mit V/v in die Lücken ein.

voll	Verb	Ventil	Advent	Adjektiv	Vitamine
vier	Vase	Vokal	Klavier	Pullover	Silvester
brav	Vater	Vogel	Vulkan	vielleicht	November

Wiewort (lateinisch): Adjektiv • Tunwort (lateinisch): ____

Selbstlaut (lateinisch): ____ • Gefäß für Blumen: ____

31. Dezember: ____ • Tier mit Flügeln: ____

Gegenteil von leer: ____ • Tasteninstrument: ____

Zahl: ____ • Verschluss am Fahrradreifen: ____

artig, lieb: ____ • Gemüse enthält ____.

Elternteil: ____ • Feuer speiender Berg: ____

Monat: ____ • Vorweihnachtszeit: ____

Pulli: ____ • nicht sicher: ____

Trage die Merkwörter mit V/v in die Lücken ein.

vier/Ventil	Vogel/Vase	viele/Vitamine	November/Pullover
Verb/Vokal	Klavier/Vater	Silvester/vielleicht	vollständig/Adjektiv

Im November trägt Trudi oft einen warmen Pullover.

Ein ____ ist ein Tunwort. Ein ____ ist ein Selbstlaut.

Der ____ flattert aufgeregt um eine ____ herum.

Vera spielt ____ und ihr ____ Blockflöte.

Es ist kalt. ____ fällt ____ Schnee.

An jedem der ____ Reifen befindet sich ein ____.

Obst und Gemüse enthalten ____ ____.

Das Wort ____ ist ein ____.

Ver-/ver-

Bilde sinnvolle Verben mit dem Wortbaustein **ver-**.

ver-	☒ -brennen	☐ -kichern	☒ -stärken	☒ -brauchen

verbrennen   verstärken   verbrauchen

ver-	☐ -bieten	☐ -ändern	☐ -wechseln	☐ -grüßen

ver-	☐ -biegen	☐ -wissen	☐ -packen	☐ -ärgern

ver-	☐ -gießen	☐ -drehen	☐ -niesen	☐ -glühen

ver-	☐ -rauben	☐ -reisen	☐ -raten	☐ -rühren

Trage die Wörter mit **Ver-/ver-** in die Lücken ein.

verlieren	Verletzung	verschmutzen
verletzen	Verpackung	Verschmutzung
vergessen	Verbrennung	Verkehrszeichen

Wir verschmutzen die Meere mit unseren Abfällen.

Die ______________________ der Meere hat schlimme Folgen.

Bei einer ______________________ entstehen hohe Temperaturen.

Das Stoppschild ist ein ______________________.

Leider landet eine ______________________ meistens im Müll.

Erni hat seinen Ranzen und den Turnbeutel ______________________.

Im Herbst ______________________ die Bäume ihre Blätter.

Bei dem Zweikampf ______________________ sich beide Fußballer leicht.

Eine Muskelzerrung ist eine ______________________.

Vor-/vor-

Bilde sinnvolle Verben mit dem Wortbaustein vor-.

vor-	☐ -knacken	☒ -wählen	☒ -zeichnen	☒ -kommen

vorwählen ________ vorzeichnen ________ vorkommen ________

vor-	☐ -führen	☐ -stellen	☐ -nehmen	☐ -zwicken

________ ________ ________

vor-	☐ -lassen	☐ -hängen	☐ -werden	☐ -fahren

________ ________ ________

vor-	☐ -schneien	☐ -setzen	☐ -ziehen	☐ -spielen

________ ________ ________

vor-	☐ -rennen	☐ -riechen	☐ -rücken	☐ -rechnen

________ ________ ________

Trage die Wörter mit Vor-/vor- in die Lücken ein.

Vorfahrt	Vorname	Vorschlag
Vorsicht	vorsichtig	vorgestern
vorwärts	Vormittag	Vorstellung

Beim Umgang mit Wildpilzen ist äußerste ________ geboten.

Im Straßenverkehr muss die ________ beachtet werden.

Im Straßenverkehr kann man nicht ________ genug sein.

Zwischen ________ und heute lag gestern.

Zwischen dem Morgen und dem Mittag liegt der ________.

Die ________ beginnt heute Nachmittag um *15.07* Uhr.

Manuela macht eine Rolle ________ und eine rückwärts.

Erni macht Gert einen ________ und Gert nimmt ihn an.

Britney Else Einsteins erster ________ ist Britney.

Ordne die Verbformen zu.

vergibt	versucht	las vor	verkaufte	verkauft	verändert
liest vor	verbringt	vergab	versuchte	~~verlangt~~	verglichen
verkauft	verändert	trug vor	verbrachte	versucht	verbraucht
~~verlangt~~	vergleicht	verglich	veränderte	vergeben	vorgelesen
trägt vor	verbraucht	~~verlangte~~	verbrauchte	verbracht	vorgetragen

verlangen	vergleichen
es verlangt (Gegenwart)	sie ____ (Gegenwart)
es verlangte (1. Vergangenheit)	sie ____ (1. Vergangenheit)
es hat verlangt (2. Vergangenheit)	sie hat ____ (2. Vergangenheit)

vergeben	verbringen
er ____ (Gegenwart)	sie ____ (Gegenwart)
er ____ (1. Vergangenheit)	sie ____ (1. Vergangenheit)
er hat ____ (2. Vergangenheit)	sie hat ____ (2. Vergangenheit)

versuchen	verändern
es ____ (Gegenwart)	er ____ (Gegenwart)
es ____ (1. Vergangenheit)	er ____ (1. Vergangenheit)
es hat ____ (2. Vergangenheit)	er hat ____ (2. Vergangenheit)

verkaufen	verbrauchen
er ____ (Gegenwart)	sie ____ (Gegenwart)
er ____ (1. Vergangenheit)	sie ____ (1. Vergangenheit)
er hat ____ (2. Vergangenheit)	sie hat ____ (2. Vergangenheit)

vorlesen	vortragen
sie ____ (Gegenwart)	er ____ (Gegenwart)
sie ____ (1. Vergangenheit)	er ____ (1. Vergangenheit)
sie hat ____ (2. Vergangenheit)	er hat ____ (2. Vergangenheit)

ab- mit- um-

Bilde sinnvolle Verben mit den Wortbausteinen ab-, mit- und um-.

ab-	☐ -trösten	☒ -schaffen	☒ -schließen	☒ -wählen
	abschaffen	abschließen	abwählen	
ab-	☐ -reißen	☐ -quieken	☐ -kühlen	☐ -streiten
ab-	☐ -ziehen	☐ -fließen	☐ -setzen	☐ -stinken
ab-	☐ -beißen	☐ -klingeln	☐ -bauen	☐ -biegen
mit-	☐ -bringen	☐ -riechen	☐ -essen	☐ -ziehen
mit-	☐ -helfen	☐ -fühlen	☐ -spielen	☐ -knicken
mit-	☐ -regnen	☐ -zählen	☐ -fahren	☐ -arbeiten
mit-	☐ -teilen	☐ -reißen	☐ -donnern	☐ -nehmen
um-	☐ -bauen	☐ -husten	☐ -ziehen	☐ -rühren
um-	☐ -brüllen	☐ -biegen	☐ -fallen	☐ -rennen
um-	☐ -drehen	☐ -blicken	☐ -winseln	☐ -binden
um-	☐ -setzen	☐ -füllen	☐ -ändern	☐ -bellen

aus- auf- be-

Bilde sinnvolle Verben mit den Wortbausteinen aus-, auf- und be-.

aus-	☐ -ziehen	☐ -reißen	☐ -blicken	☐ -grunzen
aus-	☐ -kreischen	☐ -gießen	☐ -packen	☐ -kennen
aus-	☐ -wählen	☐ -lassen	☐ -hoppeln	☐ -kratzen
aus-	☐ -setzen	☐ -sehen	☐ -stellen	☐ -sausen
auf-	☐ -hinken	☐ -bauen	☐ -wecken	☐ -drehen
auf-	☐ -blitzen	☐ -lassen	☐ -passen	☐ -pupsen
auf-	☐ -reißen	☐ -rodeln	☐ -blicken	☐ -wachsen
auf-	☐ -fallen	☐ -frösteln	☐ -führen	☐ -fressen
be-	☐ -raten	☐ -grüßen	☐ -krachen	☐ -setzen
be-	☐ -flattern	☐ -stärken	☐ -treffen	☐ -zeichnen
be-	☐ -heizen	☐ -streiten	☐ -drücken	☐ -knicken
be-	☐ -jucken	☐ -gießen	☐ -ziehen	☐ -stimmen

zu- ein- an-

Bilde sinnvolle Verben mit den Wortbausteinen **zu-**, **ein-** und **an-**.

zu-	☐ -ordnen	☐ -frieren	☐ -quietschen	☐ -beißen
zu-	☐ -lassen	☐ -treffen	☐ -krächzen	☐ -drücken
zu-	☐ -packen	☐ -drehen	☐ -kneten	☐ -stimmen
zu-	☐ -witzeln	☐ -geben	☐ -sehen	☐ -ziehen
ein-	☐ -bauen	☐ -hopsen	☐ -treffen	☐ -impfen
ein-	☐ -ziehen	☐ -fühlen	☐ -knirschen	☐ -drücken
ein-	☐ -gießen	☐ -hocken	☐ -packen	☐ -biegen
ein-	☐ -heizen	☐ -reißen	☐ -nehmen	☐ -nörgeln
an-	☐ -lassen	☐ -führen	☐ -kämmen	☐ -beißen
an-	☐ -schlürfen	☐ -treffen	☐ -bauen	☐ -packen
an-	☐ -passen	☐ -ziehen	☐ -knistern	☐ -blicken
an-	☐ -knittern	☐ -nähen	☐ -bieten	☐ -nehmen

er- ent- weg-

Bilde sinnvolle Verben mit den Wortbausteinen **er-**, **ent-** und **weg-**.

er-	☐ -leben	☐ -setzen	☐ -blicken	☐ -impfen
er-	☐ -purzeln	☐ -frieren	☐ -lassen	☐ -kennen
er-	☐ -hoffen	☐ -warten	☐ -schreien	☐ -schaffen
er-	☐ -raten	☐ -ziehen	☐ -bauen	☐ -knuspern
ent-	☐ -reißen	☐ -halten	☐ -führen	☐ -kichern
ent-	☐ -wickeln	☐ -werfen	☐ -bellen	☐ -nehmen
ent-	☐ -schlecken	☐ -fliehen	☐ -stehen	☐ -rätseln
ent-	☐ -zünden	☐ -lassen	☐ -tanzen	☐ -brennen
weg-	☐ -brüten	☐ -hören	☐ -fahren	☐ -packen
weg-	☐ -stoßen	☐ -ziehen	☐ -rennen	☐ -lauschen
weg-	☐ -setzen	☐ -führen	☐ -blöken	☐ -räumen
weg-	☐ -gehen	☐ -frieren	☐ -geben	☐ -nehmen

Schreibe die Texte auf Seite 42 neben die passenden Bilder.

Gesetze verbieten dies und jenes. Das sollte man besser nicht vergessen.	ver-
Einige Menschen verletzen Gesetze und verlieren dadurch ihre Freiheit.	ver-
Opa grillt. Die Kohle verglüht und die Würstchen verbrennen zu Asche.	ver-
Erni vergisst die Zeit. Er wird sich daher um mehrere Tage verspäten.	ver-
Wir sollten unsere Umwelt nicht verschmutzen. Sind wir so vernünftig?	ver-
Wir verbrauchen sehr viel Kunststoff. Wir verpacken sogar Salatgurken.	ver-

Markiere Trennstellen und schreibe die Wörter getrennt auf.

erwarten	ansteuern	zuschauen	abschalten
entfernen	bestreiten	aussuchen	umtauschen
einheizen	miterleben	wegwerfen	aufzeichnen

Abschreiben

Schreibe die Texte von Seite 41 neben die passenden Bilder.

Gesetze §

Schützt die Umwelt!

Unterstreiche Satzanfänge und Nomen und schreibe richtig.

- erni muss sein zimmer aufräumen. zuvor muss gert ihn erst einmal wecken. 4
- menschen entwickeln raketen und entfernen sich mit ihnen von der erde. 3
- oma ernährt sich richtig. beim blick auf die waage muss sie nicht erschrecken. 4
- die nacht begann. begeistert beobachteten wir die vielen funkelnden sterne. 4

Erni schläft noch.

Wie viel wiegt Oma?

-ig

Bilde Adjektive mit dem Wortbaustein **-ig**.

Not	-ig	nötig	Wald	-ig	
Wolke	-ig	wolkig	Fluss	-ig	
Ruhe	-ig		Sand	-ig	
Fett	-ig		Spaß	-ig	
Ecke	-ig		Durst	-ig	
Fleiß	-ig		Draht	-ig	
Haufen	-ig		Dreck	-ig	
Maß	-ig		Schatten	-ig	
Kraft	-ig		Vernunft	-ig	
Wind	-ig		Schmutz	-ig	

Trage die Adjektive mit dem Wortbaustein **-ig** in die Lücken ein.

giftig	eckig	häufig	fleißig	durstig	neugierig
nötig	mutig	kräftig	flüssig	dreckig	vernünftig
ruhig	witzig	wolkig	sonnig	hungrig	schmutzig

reimt sich auf eckig: dreckig

Hunger habend: ____________

nicht sauber: ____________

stark, muskulös: ____________

Durst habend: ____________

tapfer, furchtlos: ____________

wissbegierig: ____________

überlegt, klug: ____________

 : ____________

- oft, ständig: ____________
- wolkenlos: ____________
- lautlos, still: ____________
- Ein Rechteck ist ____________.
- wolkenbedeckt: ____________
- lustig, komisch: ____________
- notwendig: ____________
- tüchtig: ____________
- weder fest noch gasförmig: ____________

Mache das g in den Wörtern mit -ig durch Verlängern hörbar.

nötig	häufig	dreckig
nötige		
giftig	kräftig	hungrig
fettig	mäßig	schattig
ruhig	wolkig	gefräßig
fertig	windig	lebendig
eckig	flüssig	zukünftig
riesig	waldig	neugierig
lustig	sandig	schwierig
mutig	sonnig	vorsichtig
farbig	spaßig	vernünftig
fleißig	durstig	schmutzig
richtig	wichtig	vollständig

! Die Aufgabenstellung lässt unterschiedliche Lösungen zu.

-lich

Bilde Adjektive mit dem Wortbaustein **-lich**.

Tag	-lich	täglich	Natur	-lich	
Ehre	-lich		Ärger	-lich	
Ende	-lich		Glück	-lich	
Arzt	-lich		Angst	-lich	
Jahr	-lich		Mann	-lich	
Wort	-lich		Herbst	-lich	
Land	-lich		Freund	-lich	
Frieden	-lich		Gefahr	-lich	
Sport	-lich		Jugend	-lich	
Raum	-lich		Schreck	-lich	

Trage die Adjektive mit dem Wortbaustein **-lich** in die Lücken ein.

täglich	jährlich	deutlich	glücklich	ordentlich	schrecklich
ehrlich	fröhlich	friedlich	pünktlich	gefährlich	erforderlich
ähnlich	herrlich	plötzlich	ängstlich	gesetzlich	empfindlich

durch Gesetze geregelt: gesetzlich — Tag für Tag: ______

Jahr für Jahr: ______ — von Angst erfüllt: ______

von Glück erfüllt: ______ — wunderbar: ______

furchtbar: ______ — ohne Gewalt: ______

gefahrvoll: ______ — nötig: ______

vergnügt: ______ — empfindsam: ______

nicht zu spät: ______ — auf einmal: ______

nicht unähnlich: ______ — aufgeräumt: ______

klar, genau, eindeutig: ______ — aufrichtig: ______

-bar, -isch, -haft, -los, -sam

Bilde Adjektive mit dem Wortbaustein **-bar**.

Halt	-bar	haltbar	Dank	-bar	
Strafe	-bar		Furcht	-bar	
Wahl	-bar		Wunder	-bar	

Bilde Adjektive mit dem Wortbaustein **-isch**.

Typ	-isch		Sturm	-isch	
Tier	-isch		Himmel	-isch	
Kind	-isch		Quadrat	-isch	

Bilde Adjektive mit dem Wortbaustein **-haft**.

Rätsel	-haft		Beispiel	-haft	
Fehler	-haft		Schreck	-haft	
Traum	-haft		Schmerz	-haft	

Bilde Adjektive mit dem Wortbaustein **-los**.

Ziel	-los		Glück	-los	
Maß	-los		Gefahr	-los	
Kraft	-los		Schutz	-los	

Bilde Adjektive mit dem Wortbaustein **-sam**.

Mühe	-sam		Furcht	-sam	
Sorge	-sam		Gewalt	-sam	
Arbeit	-sam		Wunder	-sam	

A/a wird Ä/ä

Finde jeweils ein verwandtes Wort mit A/a.

erkälten	färben	die Fähre
kalt	Farbe	fahren
die Bälle	die Länder	die Kämme
die Fächer	wärmer	die Schärfe
die Gläser	die Gänse	es wächst
täglich	die Ängste	die Schränke
länger	die Wälder	der Träger
die Stärke	nächtlich	der Fänger
kräftig	die Bäche	schwächer
quälen	die Hände	gefährlich
älter	der Jäger	die Wäsche
ärmer	die Äpfel	er schläft
die Nähe	sie hält	das Päckchen

! Die Aufgabenstellung lässt unterschiedliche Lösungen zu.

Finde jeweils ein verwandtes Wort mit A/a.

kälter	die Pässe	die Strände
blättern	die Dächer	er fängt
die Gräser	stärker	er brät
jährlich	die Späße	die Bäckerin
die Härte	wählen	sie trägt
die Säfte	es fällt	er gräbt
die Ärzte	schärfer	die Gärten
näher	die Städte	der Schläger
die Stäbe	die Wärme	sie lässt
ländlich	die Väter	stämmig
die Nähte	die Brände	kämpfen
verlängern	die Männer	die Schwäche

A/a wird Ä/ä

Finde jeweils ein verwandtes Wort mit A/a.		
zählen	verstärken	Gewächs
härter	die Plätze	kämmen
die Äste	die Zähne	verschärfen
die Kälte	städtisch	das Gebäck
ärztlich	die Bänke	sie schlägt
die Blätter	männlich	sie fährt
die Äxte	sie rät	schädlich
nähern	die Drähte	er wäscht
die Länge	hängen	schälen
die Kälber	wärmen	die Stämme
die Nässe	die Bänder	die Mäntel
die Kräfte	ängstlich	das Gefängnis

au wird äu

Finde jeweils ein verwandtes Wort mit au.

läuten	die Fäuste	es säuft
laut	Faust	saufen
einzäunen	die Bäume	die Sträucher
die Läuse	säuerlich	die Sträuße
die Säue	aufräumen	der Verkäufer
die Mäuler	er läuft	die Bräuche
die Kräuter	träumen	die Schläuche
bläulich	das Mäuerchen	gläubig
die Bräute	bräunen	der Räuber
die Häute	die Bäuche	schäumen
die Käuze	räuchern	häufig
die Mäuse	das Gebäude	säubern
häuslich	der Häuptling	der Säugling

Schreibe die verwandten Wörter mit Ä/ä oder äu.

der Alarm	ä	der L ä rm	der Lärm
der Arzt	Ä	die ___ rztin	
die Nahrung	ä	ern ___ hren	
die Naht	ä	n ___ hen	
klar	ä	erkl ___ ren	
anders	ä	___ ndern	
raten	ä	das R ___ tsel	
schaffen	ä	das Gesch ___ ft	
rauschen	äu	das Ger ___ sch	
außen	äu	___ ßerlich	

Ordne die Wörter zu Wortfamilien.

raten	sie riet	erraten	häufiger	anhäufen	verändern
häufig	anders	Haufen	geändert	rätselhaft	Häufigkeit
Rätsel	ändern	du rätst	Häufchen	Änderung	du änderst

Wortstamm RAT

raten   sie riet

Wortstamm HAUF

Wortstamm ANDER

Wortfamilien

Ordne die Wörter zu Wortfamilien.

~~klar~~	~~klären~~	es hing	erklären	geräumig	Anhänger
Land	landen	räumen	Gelände	aufklären	sie erklärt
Hang	Ängste	Klärung	räumlich	es träumt	aufräumen
Raum	Länder	ländlich	es hängt	verträumt	verängstigt
Angst	Räume	träumen	ängstlich	traumhaft	Landschaft
Traum	hängen	Vorhang	geträumt	ängstigen	Ängstigung

Wortstamm **KLAR**

klar ______ klären ______ ______

______ ______ ______

Wortstamm **LAND**

______ ______ ______

______ ______ ______

Wortstamm **HÄNG**

______ ______ ______

______ ______ ______

Wortstamm **RAUM**

______ ______ ______

______ ______ ______

Wortstamm **ANGST**

______ ______ ______

______ ______ ______

Wortstamm **TRÄUM**

______ ______ ______

______ ______ ______

Groß- und Kleinschreibung

Unterstreiche Satzanfänge und Nomen und schreibe richtig.

Aufgabe	Punkte
ohne europäerinnen und europäer wäre europa nicht sonderlich europäisch.	4
der lärm der lärmenden kinder übertönte den alarm schlagenden lehrer.	5
die ärztin erzählt dem arzt einen lustigen witz über ärztinnen und ärzte.	6
alle brauchen nahrung. die ernährung ist wichtig. ernährst du dich richtig?	5

Schreibe die Texte auf Seite 56 neben die passenden Bilder.

○	Klara kann klar und deutlich erklären. Klaras Erklärungen klären einiges.	ä
○	Benötigt eine Ärztin oder ein Arzt für eine Naht am Fuß eine Nähmaschine?	ä
○	Ein jeder ist anders als jeder andere und wir alle verändern uns ständig.	ä
○	Das Rätsel ist Rainer viel zu rätselhaft. Er kann die Lösung nur erraten.	ä
○	Die Beschäftigten wollen von nun an täglich Ordnung im Geschäft schaffen.	ä
○	Omi äußert sich auch außerhalb der Stadt über Opis lustige Äußerungen.	äu

Markiere Trennstellen und schreibe die Wörter getrennt auf.

häufig	quälen	stärken	Gebäude
kräftig	Länder	träumen	Geschäft
ärgern	ändern	erklären	aufräumen

Schreibe die Texte von Seite 55 neben die passenden Bilder.

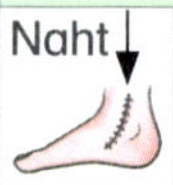

Opi
ist sehr
lustig.

Rainer
muss
raten.

Klara
klärt
einiges.

Jeder
ist
anders.

Ordnung

Eu/eu

Trage die Wörter mit Eu/eu in die Lücken ein.

neu	Euro	feucht	steuern	Zeugnis	Kreuzung
treu	Kreuz	~~Steuer~~	deutsch	leuchten	Feuchtigkeit
neun	Feuer	Europa	deutlich	Flugzeug	Deutschland

Der Kapitän steht am Steuer. • Die Sterne ______.

Gert wischt den Boden immer nur ______. • €: ______

Nässe: ______ • noch ungebraucht: ______

Luftfahrzeug: ______ • reimt sich auf neu: ______

Land: ______ • Kontinent: ______

Ein Bus überquert die ______. • Brand: ______

lenken: ______ • Wer ankreuzt, macht ein ______.

Beurteilung in der Schule: ______ • Zahl: ______

klar, genau: ______ • Igor spricht gut ______.

Trage die Wörter mit Eu/eu in die Lücken ein.

Europa/Kreuz	treue/Freundin	Flugzeug/deutlich	feucht/Feuchtigkeit
Zeugnis/Feuer	Steuer/gesteuert	Kreuzung/leuchtet	Deutschland/deutsch

Die Luft ist ______. Sie enthält ______.

In ______ spricht man ______.

Die Ampel an der ______ ______ rot.

Ina ist Tina seit Jahren eine ______ ______.

Ein ______ ist ______ größer als ein Floh.

Das Fahrzeug wird mit einem ______ ______.

Mit einem ______ zündet man kein ______ an.

Nicht nur in ______ ist das Pluszeichen ein ______.

Qu/qu

Trage die Wörter mit Qu/qu in die Lücken ein.

quer	Qualm	quaken	bequem	Quatsch	quetschen
Quiz	Qualle	quieken	Quadrat	Quartier	unbequem
Qual	Quelle	exquisit	Quartett	Querflöte	überqueren

Instrument: ______ • gemütlich: ______

Viereck: ______ • ungemütlich: ______

Die Frösche ______. • Die Ferkel ______.

Kartenspiel: ______ • Frage-Antwort-Spiel: ______

Meerestier: ______ • schief, schräg, diagonal: ______

Unsinn: ______ • einklemmen: ______

Rauch: ______ • reimt sich auf Stelle: ______

Leid, Elend: ______ • eine Straße ______

Unterkunft: ______ • hervorragend: ______

Trage die Wörter mit Qu/qu in die Lücken ein.

Qualm/Qual	quer/Quadrate	Quelle/bequem	Aquarium/Qualle
Quitte/Quarz	quietscht/quält	überquert/quiekt	Querflöte/Quartett

In Alis ______ schwimmt eine riesige ______.

Gert spielt oft ______ und Erni ______.

Die ______ des Flusses ist ______ zu erreichen.

Das Ferkel ______ eine Brücke und ______.

Der ______ von Zigaretten ist für viele eine ______.

Lilli liebt ______ gestreifte Latzhosen und ______.

Die Kreide ______. Das Geräusch ______ uns.

Die ______ ist eine Frucht und ______ ein Mineral.

Merkwörter mit chs

Trage die Merkwörter mit chs in die Lücken ein.

sechs	Fuchs	Ochse	Achsel	Gewächs	erwachsen
Lachs	Echse	Dachs	Büchse	wechseln	sechshundert
Luchs	Achse	Wachs	Sachsen	Sechseck	sechstausend

Fisch: __________ • Erwachsene sind __________.

6000: __________ • Raubkatze: __________

deutsches Bundesland: __________ • Reptil: __________

ein männliches Rind: __________ • Pflanze: __________

600: __________ • Dose, Box: __________

Baustoff für Bienenwaben: __________ • Wagenteil: __________

Körperbereich: __________ • austauschen: __________

Raubtier aus der Familie der Marder: __________ • *6*: __________

Vieleck: __________ • rötlich braunes Raubtier: __________

Trage die Merkwörter mit chs in die Lücken ein.

Lachs/Achseln	wuchs/Sachsen	Dachs/Sechseck	Luchse/Nachwuchs
Dachse/Wachs	Fuchs/wechseln	sechs/erwachsen	wachsen/Gewächse

Mit __________ Jahren ist man nicht __________.

Olivers Oma __________ in __________ auf.

Kann der schlaue __________ einen Reifen __________?

In Idas Garten __________ tausende __________.

Kein __________ kann ein __________ zeichnen.

__________ bauen ihren Bau nicht aus __________.

Ein __________ kann nicht unter den __________ schwitzen.

Die __________ haben __________ bekommen.

Lange und kurze Selbstlaute/Umlaute

Werden die Selbstlaute/Umlaute lang (—) oder kurz (●) gesprochen?

Glück ●	Gefahr —	nass	während	Teller	Nuss
Beruf	grüßen	voll	Nummer	glühen	Brille
Ruhe	Straße	kühl	Schlüssel	Wecker	Säge
Blick	Gefühl	bloß	schwitzen	Messer	Dreck
Block	Hitze	brav	bestimmt	Quelle	Fluss
Draht	Tasse	Reh	brennen	trocken	Stoff
Lehrer	Naht	hohl	Gewitter	rühren	Vase
Fehler	Bäcker	klar	Schatten	bohren	Stuhl
Strom	fressen	Müll	Nahrung	hoffen	Pass
Löffel	besser	spät	erzählen	drehen	Lohn
Tanne	erleben	glatt	erklären	Donner	Qual
Stamm	fröhlich	süß	bequem	führen	Blitz

ie

Trage die Wörter mit ie in die Lücken ein.

tief	Stiel	frieren	Spiegel	friedlich	verbieten
Ziel	Miete	ziehen	niemals	kriechen	schwierig
Lied	Kiefer	riechen	Beispiel	vielleicht	Spaziergang

kompliziert: ______________ • Der Pfeil verfehlt das ______________.

Wanderung: ______________ • Simon singt ein ______________.

Nadelbaum: ______________ • krabbeln, robben: ______________

frösteln: ______________ • auf keinen Fall, nie: ______________

Gegenteil von hoch: ______________ • untersagen: ______________

schleppen, zerren: ______________ • gewaltfrei: ______________

Bettina betrachtet sich im ______________. • Eis am ______________

schnüffeln: ______________ • möglicherweise: ______________

Fiete wohnt zur ______________. • Muster, Vorbild: ______________

Trage die Wörter mit ie in die Lücken ein.

gießt/biegt	wiegt/verlieren	schief/informiert	Kriegen/geschieht
fließt/tiefer	Lieder/schwieg	Frieden/schließen	skizziert/niemanden

Greta ______________ Blumen. Danach ______________ sie Drähte gerade.

In ______________ ______________ viel Leid und Unrecht.

Alle sangen fröhliche ______________. Nur Erna ______________.

Ein Bild hängt ______________! Erni ______________ Gert.

Wir alle sollten untereinander ______________ ______________.

Opa ______________ zu viel. Er sollte Gewicht ______________.

Der Rhein ______________ durch Köln. Er ist ______________ als Pfützen.

Der Künstler ______________ heute ______________.

Schreibe die Reimwörter mit **ie**.

☒ Knie ☒ wie ☒ nie ☒ die ☐ Niete

Knie wie nie die

☐ Stiel ☐ Ziel ☐ Spiel ☐ viel ☐ vielleicht

☐ Brief ☐ tief ☐ schief ☐ es liest ☐ er schlief

☐ Miete ☐ biegen ☐ liegen ☐ fliegen ☐ wiegen

☐ fließen ☒ Riese ☒ Wiese ☒ diese

Riese Wiese diese

☐ Spiegel ☐ Ziegel ☐ Riegel ☐ Beispiel

☐ lieben ☐ Tiefe ☐ sieben ☐ schieben

☐ gießen ☐ fließen ☐ wiegen ☐ schließen

☐ zielen ☐ spielen ☐ wir fielen ☐ spiegeln

☐ frieren ☐ Frieden ☐ verlieren ☐ spazieren

☐ addieren ☐ verbieten ☐ skizzieren ☐ studieren

☐ nummerieren ☐ niemanden ☐ informieren

Silbentrennung

Markiere Trennstellen und schreibe die Wörter getrennt auf.

Tie|fe	biegen	Zwiebel	schwierig
Miete	gießen	niemand	probieren
Stiele	fliegen	spiegeln	schmieren
Wiese	wiegen	kriechen	niemanden
Kiefer	spielen	schieben	informieren
Lieder	riechen	verlieren	subtrahieren
Kriege	Spiegel	verbieten	Schwierigkeit
frieren	niemals	halbieren	buchstabieren

Tie-fe

❗ Das Trennen von Wörtern mit ie sollte mit den Kindern besprochen werden.

Ordne die Verbformen zu.

liebt	riecht	lag	liebte	geliebt	verboten
liegt	kriecht	fror	schob	gelegen	gewogen
friert	verliert	bog	verlor	gespielt	gerochen
biegt	schiebt	wog	verbot	verloren	gekrochen
wiegt	spiegelt	roch	spielte	gefroren	gespiegelt
spielt	verbietet	kroch	spiegelte	gebogen	geschoben

riechen	biegen	wiegen
es riecht (Gegenwart)	er ____ (Gegenwart)	es ____ (Gegenwart)
es roch (1. Vergangenheit)	er ____ (1. Vergangenheit)	es ____ (1. Vergangenheit)
es hat gerochen (2. Vergangenheit)	er hat ____ (2. Vergangenheit)	es hat ____ (2. Vergangenheit)
lieben	**verlieren**	**schieben**
sie ____ (Gegenwart)	sie ____ (Gegenwart)	er ____ (Gegenwart)
sie ____ (1. Vergangenheit)	sie ____ (1. Vergangenheit)	er ____ (1. Vergangenheit)
sie hat ____ (2. Vergangenheit)	sie hat ____ (2. Vergangenheit)	er hat ____ (2. Vergangenheit)
spielen	**frieren**	**spiegeln**
es ____ (Gegenwart)	es ____ (Gegenwart)	es ____ (Gegenwart)
es ____ (1. Vergangenheit)	es ____ (1. Vergangenheit)	es ____ (1. Vergangenheit)
es hat ____ (2. Vergangenheit)	es hat ____ (2. Vergangenheit)	es hat ____ (2. Vergangenheit)
liegen	**verbieten**	**kriechen**
es ____ (Gegenwart)	er ____ (Gegenwart)	es ____ (Gegenwart)
es ____ (1. Vergangenheit)	er ____ (1. Vergangenheit)	es ____ (1. Vergangenheit)
es hat ____ (2. Vergangenheit)	er hat ____ (2. Vergangenheit)	es ist ____ (2. Vergangenheit)

Ordne die Verbformen zu.

rät	bleibt	lief	blieb	geraten	geschrien
ruft	schläft	riet	schrie	gerufen	geblieben
hält	schreit	rief	schien	gehalten	geschlafen
läuft	scheint	rieb	schlief	gelaufen	geschienen
reibt	schreibt	hielt	schrieb	gerieben	geschrieben
steigt	schweigt	stieg	schwieg	gestiegen	geschwiegen

raten	reiben	schreiben
sie ______ Gegenwart	es ______ Gegenwart	er ______ Gegenwart
sie ______ 1. Vergangenheit	es ______ 1. Vergangenheit	er ______ 1. Vergangenheit
sie hat ______ 2. Vergangenheit	es hat ______ 2. Vergangenheit	er hat ______ 2. Vergangenheit
laufen	**steigen**	**schlafen**
sie ______ Gegenwart	er ______ Gegenwart	sie ______ Gegenwart
sie ______ 1. Vergangenheit	er ______ 1. Vergangenheit	sie ______ 1. Vergangenheit
sie ist ______ 2. Vergangenheit	er ist ______ 2. Vergangenheit	sie hat ______ 2. Vergangenheit
rufen	**schreien**	**schweigen**
sie ______ Gegenwart	es ______ Gegenwart	er ______ Gegenwart
sie ______ 1. Vergangenheit	es ______ 1. Vergangenheit	er ______ 1. Vergangenheit
sie hat ______ 2. Vergangenheit	es hat ______ 2. Vergangenheit	er hat ______ 2. Vergangenheit
halten	**bleiben**	**scheinen**
es ______ Gegenwart	sie ______ Gegenwart	sie ______ Gegenwart
es ______ 1. Vergangenheit	sie ______ 1. Vergangenheit	sie ______ 1. Vergangenheit
es hat ______ 2. Vergangenheit	sie ist ______ 2. Vergangenheit	sie hat ______ 2. Vergangenheit

Unterstreiche Satzanfänge und Nomen und schreibe richtig.

während des spaziergangs sang oma lieder über die liebe. opa schwieg lieber. 6

zu hohe mieten bringen die mieter in schwierigkeiten. viele müssen umziehen. 5

elf kinder spielen tiere. sieben fliegen wie bienen und vier riechen an zwiebeln. 6

diesen dienstag biegt marie die schiefe kiefer auf der wiese wieder gerade. 5

Marie biegt Kiefern.

Schreibe die Texte auf Seite 68 neben die passenden Bilder.

Gehen Bienen spazieren und wann frieren sie? Diese Fragen interessieren Sophie. ie

Können Fliegen liegen und wie viel wiegen sie? Diese Fragen interessieren Marie. ie

Können Ziegen kriechen und wie riechen sie? Diese Fragen interessieren niemanden. ie

Wir spiegeln Stiele von Blumen und Tiere aus Papier mit einem Spiegel. ie

Vielleicht geschieht ja ein Wunder und die fiesen Riesen schließen Frieden. ie

Flüsse fließen niemals in die Höhe. Dies verbieten die Gesetze der Natur. ie

Markiere Trennstellen und schreibe die Wörter getrennt auf.

friedlich	Frieden	Beispiel	Beispiele
Fließband	fließen	schließlich	schließen
Zielscheibe	zielen	Spaziergang	spazieren

Abschreiben

Schreibe die Texte von Seite 67 neben die passenden Bilder.

Wir spiegeln Stiele.

Schließt Frieden, Riesen!

ll

Trage die Wörter mit ll in die Lücken ein.

still	Fell	Müll	rollen	Füller	Kontrolle
hell	Ball	billig	Teller	Schall	vollständig
null	Willi	Brille	fallen	schnell	Herstellung

Sehhilfe: ______ ● Gegenteil von langsam: ______

Spielzeug oder Sportgerät: ______ ● nicht teuer: ______

Der Jet ist schneller als der ______. ● Zahlwort: ______

ruhig, leise: ______ ● Anfertigung: ______

Die Sterne leuchten ______. ● Teil des Geschirrs: ______

Schreibgerät: ______ ● stürzen, umkippen: ______

Für Purzelbäume muss man ______. ● Abfall: ______

behaarte Tierhaut: ______ ● Überprüfung: ______

Name: ______ ● völlig, komplett: ______

Trage die Wörter mit ll in die Lücken ein.

stellt/alle	wollen/Füller	Mülleimer/voll	Turnhalle/Bällen
Teller/fällt	will/herstellen	Schall/schneller	Brille/vollständig

Erna ______ ______ Wecker im Haus auf Mitternacht.

Viele Kinder ______ mit einem ______ schreiben.

Wir werfen in der ______ mit ______.

Der ______ ______ zu Boden und zerspringt.

Der ______ in der Küche ist ______.

Britneys ______ ist ______ beschlagen.

Der ______ ist ______ als jeder Vogel.

Omi ______ eine Internetverbindung ______.

mm

Trage die Wörter mit mm in die Lücken ein.

Lamm	immer	Stamm	stimmen	Hammer	Trommel
dumm	stumm	Summe	Hummel	Nummer	bestimmt
Kamm	krumm	Zimmer	Sommer	Pommes	Schlamm

nicht klug: ______ • Erni wählt Gerts ______.

Teil des Baumes: ______ • Jahreszeit: ______

still: ______ • Kai kämmt sich mit einem ______.

Insekt: ______ • Schlaginstrument: ______

Additionsergebnis: ______ • Raum: ______

ständig, jedes Mal: ______ • gebogen: ______

richtig sein: ______ • Werkzeug: ______

junges Schaf: ______ • gewiss, sicher: ______

Matsch: ______ • frittierte Speise: ______

Trage die Wörter mit mm in die Lücken ein.

kämmt/Kamm	Zimmer/Nummer	Sommer/schwimmt	Dummheit/schlimme
nimmt/Pommes	Stämme/stammen	nummeriert/Himmel	sammelt/bestimmter

Nina ______ Öl zum Frittieren der ______.

Alle ______ des Hotels haben eine ______.

Im ______ ______ Omi im Freibad.

Die ______ ______ aus dem Stadtwald.

Oma ______ Bilder ______ Künstler.

Manche ______ hat ______ Folgen.

Ina ______ die Wolken am ______.

Ein Hahn ______ sich nicht mit seinem ______.

nn

Trage die Wörter mit nn in die Lücken ein.

Zinn	dann	Tanne	rennen	brennen	beginnen
Kinn	wann	Kanne	können	Sonntag	gewinnen
dünn	Mann	Tennis	Donner	Finnland	Verbrennung

Nadelbaum: ___ • anfangen: ___

Teil des Gesichts: ___ • laufen, eilen: ___

Fragewort: ___ • Tag vor Montag: ___

Gegenteil von dick: ___ • Blitz und ___

danach: ___ • in Flammen stehen: ___

ein Ballspiel: ___ • siegen: ___

eine männliche Person: ___ • Gefäß: ___

fähig sein: ___ • Land: ___

Metall: ___ • Brandwunde: ___

Trage die Wörter mit nn in die Lücken ein.

wann/kennen	gewann/Tanne	rannte/Männern	verbrannte/Pfanne
Mann/dünnen	donnert/Tunnel	Sonne/verbrennen	Donnerstag/begann

Die ___ kann die Haut ___.

Am ___ ___ die Schule.

Die Wurst ___ in der ___.

Anne ___ eine ___ bei einer Tombola.

Rita ___ mit ___ um die Wette.

Seit ___ ___ sich Erni und Gert?

Ronny ist ein ___ mit ___ Beinen.

Der Zug ___ durch einen ___.

Schreibe die Reimwörter mit ll, mm und nn.

☒ kann	☒ wann	☐ wenn	☒ dann	☒ Mann
kann	wann	dann	Mann	
☐ fallen	☐ sollen	☐ wollen	☐ rollen	☐ grollen
☐ Zelle	☐ Welle	☐ Stelle	☐ Brille	☐ Quelle
☐ Ball	☐ still	☐ Stall	☐ Knall	☐ Schall
☐ Kanne	☐ Tanne	☐ Wanne	☐ Mann	☐ Pfanne
☐ billig	☐ Rille	☐ Stille	☐ Brille	☐ Grille
☐ voll	☐ Rolle	☐ soll	☐ toll	☐ Zoll

☐ dumm	☐ krumm	☐ stumm	☐ Stamm
☐ Brunnen	☐ drinnen	☐ beginnen	☐ gewinnen
☐ rennen	☐ donnern	☐ kennen	☐ brennen
☐ Kamm	☐ dumm	☐ Stamm	☐ Programm
☐ Hummer	☐ Hummel	☐ Kummer	☐ Nummer

Ordne die Verbformen zu.

stimmt	sammelt	begann	sammelte	erkannt	gewonnen
beginnt	stellt her	gewann	schwamm	gestimmt	hergestellt
erkennt	verbrennt	stimmte	stellte her	verbrannt	gesammelt
donnert	schwimmt	erkannte	verbrannte	begonnen	nummeriert
gewinnt	nummeriert	donnerte	nummerierte	gedonnert	geschwommen

erkennen
er erkennt — Gegenwart
er erkannte — 1. Vergangenheit
er hat erkannt — 2. Vergangenheit

sammeln
er ____ Gegenwart
er ____ 1. Vergangenheit
er hat ____ 2. Vergangenheit

beginnen
es ____ Gegenwart
es ____ 1. Vergangenheit
es hat ____ 2. Vergangenheit

verbrennen
es ____ Gegenwart
es ____ 1. Vergangenheit
es ist ____ 2. Vergangenheit

stimmen
es ____ Gegenwart
es ____ 1. Vergangenheit
es hat ____ 2. Vergangenheit

nummerieren
sie ____ Gegenwart
sie ____ 1. Vergangenheit
sie hat ____ 2. Vergangenheit

gewinnen
sie ____ Gegenwart
sie ____ 1. Vergangenheit
sie hat ____ 2. Vergangenheit

schwimmen
sie ____ Gegenwart
sie ____ 1. Vergangenheit
sie ist ____ 2. Vergangenheit

donnern
es ____ Gegenwart
es ____ 1. Vergangenheit
es hat ____ 2. Vergangenheit

herstellen
er ____ Gegenwart
er ____ 1. Vergangenheit
er hat ____ 2. Vergangenheit

Wortfamilien

Ordne die Wörter zu Wortfamilien.

~~stellen~~	Kenntnis	sie rannte	zusammen	Brennnessel
rennen	sammeln	Rennbahn	wegrennen	Verbrennung
kennen	~~bestellen~~	sie kannte	Herstellung	Schwimmbad
bekannt	erkennen	Bestellung	schwimmen	sie schwamm
brennen	Bekannte	es brannte	Ausstellung	Versammlung
Rennrad	herstellen	Sammlung	Rennwagen	Schwimmbecken

Wortstamm STELL

stellen bestellen

Wortstamm KENN

Wortstamm RENN

Wortstamm BRENN

Wortstamm SAMMEL

Wortstamm SCHWIMM

Trage die Wörter mit ss in die Lücken ein.

nass	Fluss	Klasse	fressen	messen	Schlüssel
Pass	Tasse	besser	Messer	bisschen	vergessen
Nuss	Kissen	Sessel	Wasser	Russland	Flüssigkeit

Im Schloss steckt der ______. • Ausweis: ______

Fieber kann man ______. • Land: ______

Frucht mit harter Schale: ______ • Der Rhein ist ein ______.

Teil des Essbestecks: ______ • Trinkgefäß: ______

etwas, wenig: ______ • Im Topf kocht das ______.

Teil des Bettzeugs: ______ • verschlingen: ______

Wasser ist eine ______. • Sitzmöbel: ______

mehr als gut: ______ • Pia geht in die vierte ______.

nicht behalten: ______ • feucht, triefend: ______

Trage die Wörter mit ss in die Lücken ein.

isst/frisst	schloss/biss	wusste/Flüsse	vergisst/Nässe
lässt/Kuss	vergoss/floss	müssen/Pässe	Kompasse/interessante

Oma ______ nur selten ihren Schirm bei ______.

Tim ______ die Augen und ______ in den saftigen Apfel.

Erna ______ viel über die ______ Inn und Elbe.

Mama ______ Mia nicht ohne einen ______ aus dem Haus.

Die Passagiere ______ ihre ______ zeigen.

______ sind ______ Geräte.

Inge ______ Ingwer und Bello ______ eine riesige Wurst.

Gero ______ Soße und diese ______ über den Tisch.

tt

Trage die Wörter mit tt in die Lücken ein.

satt	glatt	bitten	Mutter	Gewitter	schütteln
Fett	Blatt	Mittag	Wetter	Schatten	Spaghetti
Bett	Mitte	Natter	klettern	Mittwoch	Schmetterling

Unwetter: ____________ • Wochentag: ____________

Nudelsorte: ____________ • nicht mehr hungrig: ____________

Insekt: ____________ • Tageszeit: ____________

Wir haben sonniges ____________. • Elternteil: ____________

durchrütteln: ____________ • Teil der Pflanze: ____________

Bäume spenden ____________. • Schlange: ____________

aufsteigen, erklimmen: ____________ • Möbelstück: ____________

Es riecht nach ranzigem ____________. • Zentrum, Inneres: ____________

flehen, ersuchen: ____________ • rutschig, glitschig: ____________

Trage die Wörter mit tt in die Lücken ein.

Brett/glatt	Wetter/Bett	Mutter/klettert	Mittag/Gewitter
Butter/Fett	Mittwoch/fett	Mitte/Schatten	schüttelt/Blätter

Lottis ____________ ____________ sehr gerne auf Bäume.

Am ____________ war das Essen in der Schule zu ____________.

Der Tischler hobelt ein ____________ ____________.

Heute ____________ gab es ein heftiges ____________.

Der fiese Riese ____________ ____________ vom Baum.

Bei schlechtem ____________ liegt Ina am liebsten im ____________.

____________ enthält sehr viel ____________.

In der ____________ des Tages ist Heinis ____________ kurz.

ff pp

Trage die Wörter mit ff und pp in die Lücken ein.

Affe	offen	Schiff	treffen	Treppe	doppelt
Griff	Neffe	Koffer	Suppe	Grippe	Kartoffel
Stoff	Löffel	hoffen	Puppe	Lippen	Differenz

Pflanze: ____ • männlicher Verwandter: ____

Subtraktionsergebnis: ____ • Säugetier: ____

Nino näht Kleidung aus ____. • Gepäckstück: ____

nicht verschlossen: ____ • flüssige Speise: ____

Kann Kai ins Schwarze ____? • Aufgang: ____

Die Marionette ist eine ____. • Krankheit: ____

Wasserfahrzeug: ____ • erträumen, ersehnen: ____

Die Tür hat einen ____. • Teil des Mundes: ____

Teil des Essbestecks: ____ • zweifach: ____

Trage die Wörter mit ff und pp in die Lücken ein.

Affe/Löffel	Schiff/hoffen	Neffen/treffen	Treppe/Lappen
schafft/Stoff	getroffen/trifft	Puppe/Grippe	hoffentlich/offen

Tante Tina möchte gerne ihre 84 ____ ____.

Eine ____ kann keine fiebrige ____ haben.

Toni hat ins Tor ____. Toni ____ nicht oft.

Wir fahren mit dem ____ und ____ auf gutes Wetter.

Sven säubert die ____ mit einem ____.

Der Künstler ____ Kunstwerke aus Ton und ____.

Erni lässt ____ nicht die Haustür ____.

Kann ein ____ Suppe mit einem ____ essen?

Schreibe die Reimwörter mit ff, pp, ss und tt.

☒ Tasse	☒ Kasse	☒ Masse	☒ Klasse	☐ besser
Tasse	Kasse	Masse	Klasse	
☐ satt	☐ platt	☐ fett	☐ glatt	☐ Blatt
☐ Suppe	☐ Grippe	☐ Puppe	☐ Gruppe	☐ Schuppe
☐ Kuss	☐ Nuss	☐ muss	☐ Pass	☐ Fluss
☐ Pass	☐ nass	☐ Boss	☐ Fass	☐ Bass
☐ Blatt	☐ Bett	☐ fett	☐ nett	☐ Brett
☐ passen	☐ wissen	☐ lassen	☐ fassen	☐ hassen
☐ bitter	☐ Wetter	☐ Gitter	☐ Ritter	☐ Gewitter

☐ messen	☐ wissen	☐ fressen	☐ vergessen
☐ schaffen	☐ offen	☐ hoffen	☐ getroffen
☐ bisschen	☐ Rüssel	☐ Schüssel	☐ Schlüssel
☐ er frisst	☐ er misst	☐ er lässt	☐ er vergisst

Verben

Ordne die Verbformen zu.

isst	~~bittet~~	aß	hoffte	gehofft	gelassen
trifft	misst	~~bat~~	passte	gepasst	geklettert
hofft	muss	traf	vergaß	~~gebeten~~	gegessen
weiß	passt	ließ	wusste	gewusst	gefressen
lässt	klettert	fraß	musste	gemusst	gemessen
frisst	vergisst	maß	kletterte	getroffen	vergessen

bitten	treffen	messen
sie bittet Gegenwart	er ____ Gegenwart	er ____ Gegenwart
sie bat 1. Vergangenheit	er ____ 1. Vergangenheit	er ____ 1. Vergangenheit
sie hat gebeten 2. Vergangenheit	er hat ____ 2. Vergangenheit	er hat ____ 2. Vergangenheit
hoffen	**müssen**	**fressen**
sie ____ Gegenwart	es ____ Gegenwart	es ____ Gegenwart
sie ____ 1. Vergangenheit	es ____ 1. Vergangenheit	es ____ 1. Vergangenheit
sie hat ____ 2. Vergangenheit	es hat ____ 2. Vergangenheit	es hat ____ 2. Vergangenheit
wissen	**lassen**	**essen**
er ____ Gegenwart	es ____ Gegenwart	sie ____ Gegenwart
er ____ 1. Vergangenheit	es ____ 1. Vergangenheit	sie ____ 1. Vergangenheit
er hat ____ 2. Vergangenheit	es hat ____ 2. Vergangenheit	sie hat ____ 2. Vergangenheit
passen	**klettern**	**vergessen**
es ____ Gegenwart	er ____ Gegenwart	er ____ Gegenwart
es ____ 1. Vergangenheit	er ____ 1. Vergangenheit	er ____ 1. Vergangenheit
es hat ____ 2. Vergangenheit	er ist ____ 2. Vergangenheit	er hat ____ 2. Vergangenheit

Wortfamilien

Ordne die Wörter zu Wortfamilien.

Fluss	Einfluss	Interesse	aufpassen	ausmessen
hoffen	passend	Flussbett	hoffentlich	sie vergisst
flüssig	es passt	Überfluss	Flüssigkeit	interessieren
gehofft	es hoffte	unverhofft	unpassend	Durchmesser
passen	sie misst	vergessen	interessant	unvergesslich
messen	Hoffnung	verpassen	interessiert	Vergesslichkeit

Wortstamm PASS

aufpassen passend

Wortstamm HOFF

Wortstamm FLUSS

Wortstamm MESS

Wortstamm VERGESS

Wortstamm INTERESS

bb dd gg rr

Trage die Wörter mit **bb**, **dd**, **gg** und **rr** in die Lücken ein.

Herr	Dürre	Dogge	Flagge	Gitarre	knurren
Ebbe	Teddy	Robbe	Paddel	Krabbe	Roggen
hurra	Hobby	Barren	Bagger	Widder	Pudding

Ausruf der Begeisterung: ______ • Haushund: ______

Häkeln ist Hannelores ______. • Getreideart: ______

Der Magen kann ______. • Fahne: ______

große Baumaschine: ______ • Turngerät: ______

Spielzeugbär: ______ • extreme Trockenheit: ______

Der Flut folgt die ______. • Süßspeise: ______

Pia paddelt mit dem ______. • Krebstier: ______

im Wasser lebendes Säugetier: ______ • Mann: ______

Musikinstrument: ______ • Schafbock: ______

Trage die Wörter mit **bb**, **dd**, **gg** und **rr** in die Lücken ein.

Herr/Barren	Ebbe/Krabben	Roggen/Flagge	Teddys/Pudding
Gitarre/knurrt	starrt/Geschirr	Dogge/Baggers	Hobbys/Robben

Ein älterer ______ turnt eine Übung am ______.

Lea spielt ______ und ihr Hund ______ dazu.

Hugos ______ sind Lesen und ______ füttern.

Die ______ beschnüffelt die Schaufel des ______.

Neben dem Feld mit ______ weht eine ______.

Ulf ______ entgeistert auf das schmutzige ______.

Man sollte ______ nicht mit ______ füttern.

Bei ______ kann man ______ krabbeln sehen.

Silbentrennung

Markiere Trennstellen und schreibe die Wörter getrennt auf.

of|fen	lassen	Messer	schütteln
Mitte	Quelle	fressen	Schlüssel
Brille	treffen	klettern	herstellen
Teller	besser	kämmen	hoffentlich
Löffel	rennen	Gewitter	Flüssigkeit
Tasse	dünner	schaffen	verbrennen
Tanne	kennen	Schatten	schwimmen
Nässe	Donner	sammeln	nummerieren

of-fen

! Das Trennen von Wörtern mit doppeltem Mitlaut sollte mit den Kindern besprochen werden.

Schreibe die Texte auf Seite 84 neben die passenden Bilder.

○	Björns Boss goss eine Flüssigkeit über seinen Pass. Jetzt ist der Pass nass.	ss
○	Mit geschlossenen Augen schloss Larissa das Schloss mit einem Schlüssel auf.	ss
○	Isst man Haselnüsse mit Messer und Gabel? Melissa würde das gerne wissen.	ss
○	Bei Nässe frisst der Hund der Prinzessin nur ein bisschen aus der Schüssel.	ss
○	Der Otter ist sehr fett. Sein Schatten ist riesengroß und er kann nicht klettern.	tt
○	Am Vormittag schüttelt Ottos netter Vetter stets glatt rasiert die Betten aus.	tt

Markiere Trennstellen und schreibe die Wörter getrennt auf.

Beginn	beginnen	Gewinn	gewinnen
Programm	Programme	Kompass	Kompasse
Haselnuss	Haselnüsse	Reisepass	Reisepässe

Abschreiben

Schreibe die Texte von Seite 83 neben die passenden Bilder.

Der
Pass
ist nass.

Der
Otter
ist fett.

Unterstreiche Satzanfänge und Nomen und schreibe richtig.

- die affen bewerfen die giraffen mit kartoffeln. hoffentlich treffen sie sie nicht. 5
- die künstlerin stellt ihre brillengestelle vollständig aus müll und fellen her. 5
- kann man dummheiten sammeln? wie groß wäre dann wohl jimmys sammlung? 5
- der donnerstag hatte mit blitz und donner begonnen. der sonntag war sonnig. 6

ck

Trage die Wörter mit ck in die Lücken ein.

dick	Reck	Jacke	Decke	Bäcker	drücken
Ecke	Block	Glück	zurück	trocken	Päckchen
Blick	Stück	Dreck	Brücke	Wecker	entdecken

Uhr zum Wecken: ____ • nicht nass: ____

Über den Fluss führt die ____. • Beruf: ____

Bei Alarm Knopf ____! • *1* Paar = *2* ____

kleines Paket: ____ • Schmutz: ____

Lea zeichnet in ihren ____. • Gegenteil von dünn: ____

aufspüren, finden: ____ • Turngerät: ____

Ich wünsche dir viel ____. • Kleidungsstück: ____

rückwärts: ____ • Die Fußballerin tritt eine ____.

Teil des Bettzeugs: ____ • kurzes Hinschauen: ____

Trage die Wörter mit ck in die Lücken ein.

Glück/Jacke	backen/eckige	dicke/entwickelt	schmeckt/schrecklich
Deckel/knackt	Schreck/dreckig	Weckers/aufgeweckt	Verpackung/verpacken

Erni und Gert ____ leckere ____ Plätzchen.

Pudding mit Salz ____ ____.

Es ist kalt. Zum ____ trägt Jana eine warme ____.

Ach du ____! Der Rock ist ja ganz ____!

Die ____ Larve ____ sich zur Fliege.

Das Klingeln des ____ hat uns ____.

Der ____ des Gurkenglases ____ beim Öffnen.

Jede ____ lässt sich ____.

Wortfamilien

Ordne die Wörter zu Wortfamilien.

Blick	blicken	geblickt	Bäckerei	gebacken	verpacken
Druck	backen	drücken	Ausblick	Überblick	aufwecken
Decke	wecken	drucken	Bäckerin	Päckchen	aufgeweckt
Deckel	Wecker	Einblick	gedruckt	verdecken	Verpackung
Bäcker	Gebäck	geweckt	es weckt	entdecken	Entdeckung
packen	Gepäck	Packung	Eindruck	aufdecken	Druckschrift

Wortstamm BACK

Wortstamm PACK

Wortstamm DECK

Wortstamm WECK

Wortstamm BLICK

Wortstamm DRUCK

Trage die Wörter mit tz in die Lücken ein.

Blitz	Hitze	Katze	Pfütze	zuletzt	kratzen
Satz	Platz	sitzen	nützen	Schutz	Schmutz
spitz	Spatz	Mütze	putzen	Gesetz	Verletzung

am Ende: __________

Alle sitzen auf ihrem __________.

hohe Lufttemperatur: __________

Er blieb auf dem Stuhl __________.

säubern, wischen: __________

Verwundung: __________

ritzen, schrammen: __________

einen Nutzen bringen: __________

Die Flüchtlinge suchen __________.

- Lea schreibt einen langen __________.
- Kleidungsstück: __________
- Der Donner folgt dem __________.
- Vorschrift: __________
- Wasserlache: __________
- Dreck: __________
- Säugetier: __________
- Singvogel: __________
- Nadeln sind __________.

Trage die Wörter mit tz in die Lücken ein.

Hitze/Mütze	letzte/setzen	Spitze/verletzt	Blitzen/schützen
sitzt/schwitzt	geputzte/blitzt	spitzen/kratzen	putzt/verschmutzte

Finn __________ in der finnischen Sauna und __________.

Blitzableiter können uns vor __________ __________.

Der Läufer an der __________ hat sich leider __________.

Der __________ Läufer ist müde und muss sich __________.

Paula __________ ihre __________ Brille.

Paulas __________ Brille __________ vor Sauberkeit.

Katzen können mit __________ Krallen __________.

Bei __________ sollte man keine warme __________ tragen.

Wortfamilien

Ordne die Wörter zu Wortfamilien.

Blitz	setzen	spitzen	nützlich	absetzen	anspitzen
Putz	blitzen	gesetzt	es blitzt	benutzen	Putzmittel
spitz	nutzen	geblitzt	Schütze	abputzen	gesetzlich
putzig	putzen	besetzt	Nutzung	schutzlos	spitzfindig
Spitze	Schutz	geputzt	Blitzlicht	Anspitzer	beschützen
nützen	Gesetz	nutzbar	schützen	geschützt	blitzschnell

Wortstamm **SETZ**

Wortstamm **PUTZ**

Wortstamm **NÜTZ**

Wortstamm **BLITZ**

Wortstamm **SPITZ**

Wortstamm **SCHUTZ**

ck tz

Schreibe die Reimwörter mit ck und tz.

☐ Reck ☐ Blick ☐ Fleck ☐ Dreck ☐ Schreck

☐ Brücke ☐ Ecke ☐ Decke ☐ Hecke ☐ Zecke

☐ Lücke ☐ Mücke ☐ Brücke ☐ Decke ☐ Stücke

☐ Rock ☐ Block ☐ Druck ☐ Stock ☐ Schock

☐ backen ☐ hacken ☐ packen ☐ blicken

☐ entwickeln ☐ wecken ☐ entdecken ☐ erschrecken

☐ spitz ☐ Sitz ☐ Schutz ☐ Witz ☐ Blitz

☐ Hitze ☐ Blitze ☐ Spitze ☐ Katze ☐ Spritze

☐ sitzen ☐ blitzen ☐ setzen ☐ schwitzen

☐ setzen ☐ hetzen ☐ verletzen ☐ kratzen

☐ putzen ☐ Mützen ☐ nützen ☐ schützen

☐ Benutzung ☐ Verletzung ☐ Verschmutzung

Silbentrennung

Markiere Trennstellen und schreibe die Wörter getrennt auf.

De|cke	trocken	Hit|ze	blitzen
Bäcker	drücken	Katze	kratzen
Zucker	verpacken	Mütze	schützen
Brücke	entdecken	sitzen	verletzen
packen	aufwecken	Spitze	schwitzen
blicken	entwickeln	setzen	schmutzig
Rücken	schmecken	nützen	Verletzung
dreckig	erschrecken	putzen	verschmutzen

De-cke

Hit-ze

! Das Trennen von Wörtern mit ck und tz sollte mit den Kindern besprochen werden.

Unterstreiche Satzanfänge und Nomen und schreibe richtig.

lutz springt oft in pfützen. mützen und schutzanzüge schützen lutz vor schmutz. 6

fritz schwitzt. bei der hitze würde er jetzt gerne auf der spitze eines eisbergs sitzen. 5

viele gesetze regeln den schutz der natur. leider werden sie sehr häufig verletzt. 5

alle menschen sollten ein zeichen gegen die verschmutzung der umwelt setzen. 5

Spitze

Wir setzen Zeichen.

Pfütze

Gesetze §

Schreibe die Texte auf Seite 94 neben die passenden Bilder.

○	Der kleine Muck blickt auf ein langes Leben in Pantoffeln und mit Stock zurück.	ck
○	Zucker sorgt sehr häufig für dicke Backen und schreckliche Zahnschmerzen.	ck
○	Nick entwickelt Wecker. Seine Wecker sollen wecken und uns nicht erschrecken.	ck
○	Bäcker und andere Frühaufsteher sind sehr glücklich über Nicks Entwicklungen.	ck
○	Micky verpackt dreckige Blöcke und fleckige Decken in eckige Verpackungen.	ck
○	Zum Glück fiel das staubtrockene Stück Gebäck nicht von der Brücke in den Dreck.	ck

Markiere Trennstellen und schreibe die Wörter getrennt auf.

Sät|ze	di|cker	Stücke	Anspitzer
Blitze	Plätze	Wecker	Verpackung
Blicke	Blöcke	Gesetze	Verschmutzung

Sät-ze
di-cker

Abschreiben

Schreibe die Texte von Seite 93 neben die passenden Bilder.

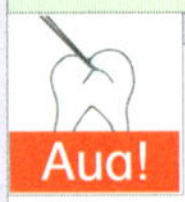

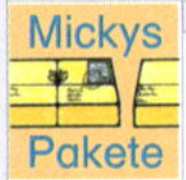

Silben trennendes h

Markiere Trennstellen und schreibe die Wörter getrennt auf.

Zehe	sehen	muhen	fliehen
Kühe	gehen	mähen	Schuhe
Rehe	nähen	stehen	unruhig
Ruhe	froher	glühen	sprühen
Nähe	früher	blühen	verstehen
ruhen	flehen	krähen	fernsehen
Flöhe	wehen	drehen	Fernseher
näher	ziehen	drohen	geschehen

Ze-he

❗ Das Trennen von Wörtern mit Silben trennendem h sollte mit den Kindern besprochen werden.

Ordne die Verbformen zu.

geht	steht	zog	blühte	genäht	gezogen
näht	blüht	sah	glühte	geweht	gesehen
weht	dreht	ging	drehte	geblüht	gegangen
zieht	droht	stand	drohte	geglüht	gestanden
sieht	sieht fern	nähte	sah fern	gedreht	geschehen
glüht	geschieht	wehte	geschah	gedroht	ferngesehen

drohen	sehen	stehen
es ______ Gegenwart	er ______ Gegenwart	sie ______ Gegenwart
es ______ 1. Vergangenheit	er ______ 1. Vergangenheit	sie ______ 1. Vergangenheit
es hat ______ 2. Vergangenheit	er hat ______ 2. Vergangenheit	sie hat ______ 2. Vergangenheit
wehen	**glühen**	**gehen**
es ______ Gegenwart	es ______ Gegenwart	sie ______ Gegenwart
es ______ 1. Vergangenheit	es ______ 1. Vergangenheit	sie ______ 1. Vergangenheit
es hat ______ 2. Vergangenheit	es hat ______ 2. Vergangenheit	sie ist ______ 2. Vergangenheit
blühen	**drehen**	**fernsehen**
er ______ Gegenwart	sie ______ Gegenwart	es ______ Gegenwart
er ______ 1. Vergangenheit	sie ______ 1. Vergangenheit	es ______ 1. Vergangenheit
er hat ______ 2. Vergangenheit	sie hat ______ 2. Vergangenheit	es hat ______ 2. Vergangenheit
nähen	**ziehen**	**geschehen**
er ______ Gegenwart	er ______ Gegenwart	es ______ Gegenwart
er ______ 1. Vergangenheit	er ______ 1. Vergangenheit	es ______ 1. Vergangenheit
er hat ______ 2. Vergangenheit	er hat ______ 2. Vergangenheit	es ist ______ 2. Vergangenheit

Wortfamilien

Ordne die Wörter zu Wortfamilien.

nah	sehen	fröhlich	verglüht	anziehen	verglühen
früh	früher	geglüht	sie sieht	frühzeitig	fernsehen
froh	nahen	es zieht	gesehen	annähern	Frühstück
frohe	ziehen	glühend	Frühjahr	aussehen	Fernseher
Nähe	glühen	es glüht	Frohsinn	umziehen	Beziehung
näher	nähern	Frühling	erziehen	frohsinnig	Fröhlichkeit

Wortstamm **SEH**

Wortstamm **NAH**

Wortstamm **ZIEH**

Wortstamm **GLÜH**

Wortstamm **FROH**

Wortstamm **FRÜH**

Merkwörter mit ß

Schreibe die Merkwörter mit ß.

süß	heiß	Spaß	fleißig	gießen	grüßen
Fuß	groß	außen	reißen	beißen	schließen
bloß	weiß	Strauß	Straße	fließen	schließlich

auf der Außenseite: ____ • Verkehrsweg: ____

Ben bindet Blumen zu einem ____. • Körperteil: ____

sehr warm: ____ • Mia muss die Blumen ____.

Eine Tür lässt sich ____. • Scherz: ____

tüchtig, emsig: ____ • Fäden können ____.

Farbe des Schnees: ____ • Süßigkeiten sind ____.

Flöhe können ____. • Gegenteil von klein: ____

Flüsse ____. • Guten Tag sagen: ____

zum Schluss, endlich: ____ • nur: ____

Trage die Merkwörter mit ß in die Lücken ein.

gießt/Fuß	Straße/maß	großen/Spaß	Sträuße/weiße
reißt/fleißig	vergaß/bloß	draußen/heiß	fraß/Süßigkeiten

In der Vase stehen mehrere ____ ____ Rosen.

Die ____ ____ *10,50* m in der Breite.

Fußball zu spielen macht Mia ____ ____.

Ronny ____ ____ Unkraut aus.

Im Juli ist es ____ manchmal sehr ____.

Gisela ____ sich aus Versehen Soße über den ____.

Jule ____ ____ einmal ihre Hausaufgaben.

Ernis Hund ____ Gerts ____ auf.

Ordne die Verbformen zu.

süßt	fließt	riss	süßte	gesüßt	geflossen
reißt	grüßt	biss	grüßte	gegrüßt	gegossen
heißt	schießt	hieß	schoss	gerissen	genossen
stößt	genießt	goss	genoss	gebissen	vergrößert
gießt	schließt	stieß	schloss	gestoßen	geschossen
beißt	vergrößert	floss	vergrößerte	geheißen	geschlossen

beißen	gießen	schießen
er ______ Gegenwart	es ______ Gegenwart	es ______ Gegenwart
er ______ 1. Vergangenheit	es ______ 1. Vergangenheit	es ______ 1. Vergangenheit
er hat ______ 2. Vergangenheit	es hat ______ 2. Vergangenheit	es hat ______ 2. Vergangenheit
süßen	**stoßen**	**schließen**
sie ______ Gegenwart	es ______ Gegenwart	es ______ Gegenwart
sie ______ 1. Vergangenheit	es ______ 1. Vergangenheit	es ______ 1. Vergangenheit
sie hat ______ 2. Vergangenheit	es hat ______ 2. Vergangenheit	es hat ______ 2. Vergangenheit
reißen	**heißen**	**genießen**
er ______ Gegenwart	er ______ Gegenwart	sie ______ Gegenwart
er ______ 1. Vergangenheit	er ______ 1. Vergangenheit	sie ______ 1. Vergangenheit
er hat ______ 2. Vergangenheit	er hat ______ 2. Vergangenheit	sie hat ______ 2. Vergangenheit
grüßen	**fließen**	**vergrößern**
sie ______ Gegenwart	es ______ Gegenwart	er ______ Gegenwart
sie ______ 1. Vergangenheit	es ______ 1. Vergangenheit	er ______ 1. Vergangenheit
sie hat ______ 2. Vergangenheit	es ist ______ 2. Vergangenheit	er hat ______ 2. Vergangenheit

Wortfamilien

Ordne die Wörter zu Wortfamilien.

süß	mäßig	süßlich	sie maß	Späßchen	Spaßvogel
Fuß	Grüße	spaßen	Maßstab	Fußboden	Fußgänger
Maß	Späße	maßlos	Süßigkeit	zuckersüß	Begrüßung
Gruß	barfuß	Fußball	schließen	schließlich	beschließen
Spaß	spaßig	messen	Fußballer	Süßspeise	abschließen
süßen	grüßen	gegrüßt	begrüßen	es schloss	verschließen

Wortstamm Fuß/fuß

Wortstamm Süß/süß

Wortstamm Maß/maß

Wortstamm Spaß/spaß

Wortstamm Grüß/grüß

Wortstamm Schließ/schließ

Merkwörter mit aa, ee und oo

Schreibe die Merkwörter mit aa, ee und oo.

Aal	Fee	doof	Boot	Moos	Schnee
Tee	Zoo	Saal	Meer	Haare	ein paar
See	leer	Beet	Staat	Waage	Erdbeere

Der Indische Ozean ist ein großes ______. • Getränk: ______

Ulf wiegt sich häufig mit der ______. • Tierpark: ______

wenige, nicht viele: ______ • Märchenwesen: ______

größerer Raum, Halle: ______ • dümmlich, dämlich: ______

kleines Wasserfahrzeug: ______ • Belgien ist ein ______.

Gegenteil von voll: ______ • rote Frucht: ______

Karlotta kämmt ihre ______. • Der Bodensee ist ein ______.

Der Baumstamm ist bewachsen mit ______. • Fisch: ______

Draußen liegen *10* cm ______. • Jana jätet ein ______.

Trage die Merkwörter mit aa, ee und oo in die Lücken ein.

Zoo/Tee	Klee/Fee	Haaren/Boot	Aal/Erdbeeren
See/leer	Beet/Moos	Staaten/Meer	ein paar/Schnee

Gestern fielen ______ Zentimeter ______.

Nicht alle ______ Europas liegen am ______.

Beate bepflanzt ein ______ im Garten mit ______.

Die Schimpansen im ______ trinken täglich eine Tasse ______.

Der durstige Riese trinkt einen ganzen ______ ______.

Im ______ sitzt eine kleine ______ und zaubert allerlei.

Männer mit langen roten ______ rudern ein ______.

Der Koch kocht ______ mit panierten ______.

Merkwörter mit ä

Schreibe die Merkwörter mit ä.

Bär	Käse	Lärm	Säbel	gähnen	Känguru
spät	Käfig	Käfer	schräg	Kapitän	Märchen
März	Säge	Träne	krähen	Schädel	Mädchen

Hänsel und Gretel ist ein __________.

Ulf muss vor Müdigkeit __________.

Hähne können sehr laut __________.

Der Vogel sitzt in seinem __________.

Skelett des Kopfes: __________

kein Junge: __________

Schiffsführer: __________

Beuteltier: __________

schief, geneigt, quer: __________

- Monat: __________
- Krach: __________
- Insekt: __________
- Werkzeug: __________
- Milchprodukt: __________
- Wim weint eine __________.
- Gegenteil von früh: __________
- stämmiges Raubtier: __________
- Fechtwaffe: __________

Trage die Merkwörter mit ä in die Lücken ein.

spät/Käse	Käfige/Säge	gähnt/während	Mädchen/Tränen
Käfer/Lärm	Bären/ähnlich	März/verspätet	Känguru/ungefähr

Erni kam im __________ elfmal __________ zur Schule.

Erna __________ __________ des Unterrichts.

Das __________ weinte bittere __________.

Ein krabbelnder __________ macht keinen __________.

__________ sehen Hühnern gar nicht __________.

Das __________ misst __________ 1,70 m.

Frieda zersägt gerne __________ mit einer __________.

Pia isst __________ am Abend noch ein Brot mit __________.

Merkwörter mit langem I/i

Schreibe die Merkwörter mit langem I/i.

Igel	Biber	Ruine	Termin	Gardine	Apfelsine
Kino	Berlin	Kamin	Lawine	Krokodil	Maschine
Tiger	Musik	Benzin	Medizin	Vitamine	Kilogramm

1000 Gramm = *1* ______________ ● Stadt: ______________

stacheliges Säugetier: ______________ ● Kim komponiert ______________.

Der Film lief im ______________. ● Zitrusfrucht: ______________

Reptil: ______________ ● zerfallenes Bauwerk: ______________

Obst enthält ______________. ● Feuerstelle: ______________

Fenstervorhang: ______________ ● Arznei: ______________

technisches Gerät: ______________ ● Nagetier: ______________

Naturkatastrophe: ______________ ● Treibstoff: ______________

festgelegter Zeitpunkt: ______________ ● Raubkatze: ______________

Trage die Merkwörter mit langem I/i in die Lücken ein.

Igel/Klima	Kino/Biber	Sabine/Praline	Tiger/Kilogramm
Iglu/Musik	Termin/Berlin	Medizin/Vitamin	Maschine/Ventile

Der ______________ wog *190* ______________.

Hannah hat um *7.00* Uhr einen ______________ in ______________.

Die Ärztin verordnet ______________ und ______________ D.

Im ______________ läuft ein Film über einen nagenden ______________.

Der Winterschlaf der ______________ ist abhängig vom ______________.

Die ______________ produziert ______________ für Fahrräder.

Die kleine ______________ nascht eine ______________.

Ulf baut ein ______________ aus Schnee und hört dabei ______________.

Merkwörter aus anderen Sprachen

Schreibe die Merkwörter aus anderen Sprachen.

Hai	Pony	Jeans	Inliner	negativ	Recycling
Mai	Team	Clown	Rezept	Theater	Computer
Cent	Toast	T-Shirt	Trainer	Jogging	Thermometer

kurzärmeliges Kleidungsstück: ______ • Raubfisch: ______

Kochanleitung: ______ • Dauerlauf: ______

geröstetes Weißbrot: ______ • Spaßmacher: ______

Schauspielhaus: ______ • Mannschaft: ______

Sportlehrer, Coach: ______ • *1* Euro = *100* ______

Rollschuhe: ______ • PC: ______

Gegenteil von positiv: ______ • Kleinpferd: ______

Wiederverwertung: ______ • Hose: ______

Messgerät: ______ • Monat: ______

Trage die Merkwörter aus anderen Sprachen in die Lücken ein.

Pizza/Jeans	skizziert/Baby	Chefin/Interview	Spaghetti/Ketchup
Clown/Pony	Theater/Handy	E-Mails/Computer	Recycling/Container

______ sind Nudeln und ______ ist rot.

Im ______ sollte man das ______ ausschalten.

Der ______ reitet auf einem ______ durch die Manege.

Die ______ der Firma gibt ein ______.

Oma schreibt ______ mit dem ______.

Die ______ fällt auf Ernis frisch gewaschene ______.

Der Maler ______ das ______ und malt es dann.

Der ______-______ ist voll Glas.

Merkwörter aus anderen Sprachen

Schreibe die Merkwörter aus anderen Sprachen.

fair	Keks	clever	E-Mail	Internet	Container
City	Baby	Handy	Division	Addition	Subtraktion
Chor	Show	Skizze	Strophe	Ketchup	Multiplikation

Das Gedicht hat nur eine ____________________. • Gebäck: ____________

Tomatensoße: ____________________ • Schau, Vorführung: ____________

Transportbehälter: ____________________ • Säugling: ____________

Gert singt in einem ____________________. • Mobiltelefon: ____________

Svetlana surft im ____________________. • Innenstadt: ____________

1 + 1 = 2 ____________________ • elektronische Post: ____________

1 - 1 = 0 ____________________ • Zeichnung: ____________

1 · 1 = 1 ____________________ • gerecht: ____________

1 : 1 = 1 ____________________ • schlau, trickreich: ____________

Trage die Merkwörter aus anderen Sprachen in die Lücken ein.

Hai/Cent	Thermometer	Trainerin/faires	Apotheken/Gyros
surft/Internet	Team/T-Shirts	Mai/Mathematik	Toasts/Mayonnaise

Die ____________________ wünscht sich ein ____________________ Spiel.

Am 1. ____________ fällt nicht nur ____________________ aus.

Oma sitzt am PC und ____________ im ____________________.

Der ____________ hatte Plastikmüll und 70 ____________ in seinem Magen.

Das ____________ trägt rosa Hosen und rote ____________________.

Ein ____________________ ist ein Temperaturmessgerät.

____________________ verkaufen kein ____________________.

Arne isst ____________ mit Aal und ____________________.

Merkwörter mit Dehnungs-h

Schreibe die Merkwörter mit **Dehnungs-h**.

Uhr	Lohn	Stuhl	zählen	Fehler	Führung
hohl	Bahn	Draht	ehrlich	Gefühl	Nahrung
Zahl	Wahl	Fahne	bohren	ähnlich	Wohnung

leer, ausgehöhlt: ______ • Sie lügt nicht. Sie ist ______.

Essen und Trinken: ______ • Sitzmöbel: ______

Wim will in der Nase ______. • Es ist *14.30* ______.

Das Team geht mit *1:0* in ______. • Zug: ______

In dem Text sind *0* ______. • Angst ist ein ______.

Wer kann bis hundert ______? • Abstimmung: ______

Ole vermietet eine ______. • Flagge: ______

eine Schnur aus Metall: ______ • Neun ist eine ______.

Die Brüder sehen sich ______. • Bezahlung: ______

Trage die Merkwörter mit **Dehnungs-h** in die Lücken ein.

fühlt/wohl	Gefahr/führt	Uhr/umkehren	kühlen/während
rührt/Sahne	mehr/Drähten	Lehrer/erzählt	Hühner/ungefähr

______ ______ bei Fluchttieren zur Flucht.

Die ______ legten ______ *800* Eier.

Das Drahtseil besteht aus ______ als *100* ______.

Kühlschränke ______ auch ______ der Nacht.

Pia ______ einen Becher ______ unter die Suppe.

Der ______ ______ der Klasse täglich einen Witz.

Um *16.00* ______ mussten wir leider ______.

Heute ______ Nele sich wieder sehr ______.

Merkwörter mit Dehnungs-h

Schreibe die Merkwörter mit **Dehnungs-h**.

Ohr	Jahr	Mehl	fahren	Zähne	Lehrerin
kühl	zehn	mehr	Sahne	Bohrer	gefährlich
sehr	Sohn	Höhle	Bohne	Vorfahrt	Erzählung

Beruf: ______________ • männlicher Nachkomme: ______________

Opa ist kein Kind ______________. • Pflanze, Gemüse: ______________

gemahlenes Getreide: ______________ • Pit putzt sich die ______________.

Kai lernt Fahrrad ______________. • *365* Tage sind ein ______________.

Rauchen ist ______________. • Werkzeug: ______________

ein wenig kalt: ______________ • Teil der Milch, Rahm: ______________

Die Autofahrerin hat ______________. • Gehörorgan: ______________

Der Bär schläft in einer ______________. • Ich danke euch ______________!

Ein Märchen ist eine ______________. • *10*: ______________

Trage die Merkwörter mit **Dehnungs-h** in die Lücken ein.

fährt/Bahn	bohrt/Bohrer	nehmen/Stuhl	ohne/fehlerfrei
hohle/Zahn	wählt/Bohnen	ernähren/sehr	ehrliche/belohnt

Erna und Erni ______________ sich ______________ gesund.

Ein Text ______________ Fehler ist ______________.

Der ______________ Finder wurde mit 2 Cent ______________.

Freddy ______________ mit der ______________ von Bonn nach Berlin.

Benita ______________ mit einem ______________ Löcher in die Wand.

Alle ______________ sich einen ______________ und setzen sich.

Der ______________ ______________ muss leider gezogen werden.

Als Hauptspeise ______________ Opa Fisch mit ______________.

Wortfamilien

Ordne die Wörter zu Wortfamilien.

kühl	Fühler	geführt	lohnend	belohnen	gefahrvoll
Lohn	kühlen	fühlbar	Führung	gefahrlos	gefährden
fehlen	Gefühl	gekühlt	Führerin	fehlerhaft	auskühlen
fühlen	gefehlt	führend	Anführer	gefährlich	Abkühlung
führen	Gefahr	gelohnt	fehlerfrei	abgekühlt	Belohnung
Fehler	gefühlt	belohnt	verfehlen	gefühlvoll	Gefährdung

Wortstamm FÜHL

Wortstamm FEHL

Wortstamm KÜHL

Wortstamm FÜHR

Wortstamm LOHN

Wortstamm GEFAHR

Markiere Trennstellen und schreibe die Wörter getrennt auf.

oh|ne	rühren	Bahnen	ernähren
Höhle	Stühle	wohnen	bezahlen
Löhne	Fehler	nehmen	Wohnung
Zähne	zählen	Führung	belohnen
fühlen	kühlen	Lehrerin	fehlerfrei
Söhne	Drähte	Nahrung	umkehren
fahren	bohren	während	fehlerhaft
führen	wählen	erzählen	Erzählung

oh-ne

! Das Trennen von Wörtern mit Dehnungs-h sollte mit den Kindern besprochen werden.

Wörtliche Rede

Setze die fehlenden Satzzeichen (: „ . “) ein und schreibe richtig.

Mia murmelt: „Wir könnten Füchse oder Rehe skizzieren."

Maik meint Ich kann nur Fichten und Tannen zeichnen

Erni sagt voraus Zukünftig werde ich eckige Brillen tragen

Opa schwärmt Pilze mit süßen Klößen schmecken lecker

Omi erzählt Seit der Jugend sammle ich Laub und Löffel

Finn sagt Das TV-Programm reißt mich nicht vom Hocker

Bert berichtet Ich habe unsere Lehrerin im Taxi getroffen

Mia murmelt: „Wir könnten Füchse oder Rehe skizzieren."

! Die wörtliche Rede mit vorangestelltem Begleitsatz sollte mit den Kindern besprochen werden.

Wörtliche Rede

Setze die fehlenden Satzzeichen (: „ ? ! “) ein und schreibe richtig.

Nina nörgelt : „ Müssen wir im Urlaub in der Hitze schwitzen ? "

Der Arzt jammert : „ Ich habe solche Angst vor der Impfung ! "

Frank fragt Führt dieser Weg nach links oder nach rechts

Maja mahnt Seid vorsichtig an der gefährlichen Kreuzung

Frieda fragt Sind die trockenen Kekse aus einer Bäckerei

Siegfried schluchzt Wer hat in meinen Kompass gebissen

Julia jubelt Ich habe einen Haufen Haselnüsse gewonnen

Nina nörgelt: „Müssen wir im Urlaub in der Hitze schwitzen?"

Der Arzt jammert: „Ich habe solche Angst vor der Impfung!"

Wörtliche Rede

Setze die fehlenden Satzzeichen („ “ ,) ein und schreibe richtig.

„	In der Vase standen vertrocknete Gewächse	“ ,	beschrieb Lea.
	Eine Höhle bot uns Schutz vor dem Gewitter		schilderte Ole.
	Deutschland ist ein Land in Europa		erklärt unsere Lehrerin.
	Heute Mittag gingen wir ein bisschen spazieren		sagte Jule.
	Jeden Morgen wecken mich tausend Wecker		erzählt Erna.
	Mein Hochbett ist mit Moos bewachsen		wundert sich Wim.
	Seen und Meere sind sehr häufig verschmutzt		weiß Willi.

„In der Vase standen vertrocknete Gewächse“, beschrieb Lea.

! Die wörtliche Rede mit nachfolgendem Begleitsatz sollte mit den Kindern besprochen werden. Die Regelung, dass Punkte am Ende der Sprechsätze entfallen (S. 112), Ausrufe- und Fragezeichen dagegen gesetzt werden (S. 113), führt besonders häufig zu Fehlern.

Wörtliche Rede

Setze die fehlenden Satzzeichen („ ? ! " ,) ein und schreibe richtig.

„Müsst ihr während des Unterrichts schreien ? " , schrie Cindy.
„Entfernt sofort den Müll vom Strand ! " , schimpfte die Dame.
Ist es im Wald stets kühler als in der Stadt fragt Freddy.
Bohrt bloß keine Löcher in mein Boot brüllt der Kapitän.
Können Flüssigkeiten magnetisch sein will Willi wissen.
Pass auf Pass und Schlüssel auf ermahnte Ina Martina.
Warum soll ich meine fettigen Haare kämmen fragt Erni.

„Müsst ihr während des Unterrichts schreien?", schrie Cindy.

„Entfernt sofort den Müll vom Strand!", schimpfte die Dame.

Wörtliche Rede

Stelle jeweils Begleitsatz und wörtliche Rede um.
Mandy mahnt: „Träume nicht mit offenen Augen auf der Straße!“
Wilfried will wissen: „Warum boxen die Clowns in der Manege?“
Ulf meint: „Mein Schatten ist heute länger als nach der Geburt.“
Der Reporter schildert: „Ein Blitz setzte das Gebäude in Brand.“
Susi seufzt: „In den Ferien schreibe ich Texte immer fehlerfrei.“
Erni fragt die Försterin: „Kann man auf junge Kiefern klettern?“
Die Schauspielerin frohlockt: „Zum Glück erkennt mich jemand!“

„Träume nicht mit offenen Augen auf der Straße!", mahnt Mandy.

„Warum boxen die Clowns in der Manege?", will Wilfried wissen.

„Mein Schatten ist heute länger als nach der Geburt", meint Ulf.

! Das Umstellen von wörtlicher Rede und Begleitsatz sollte mit den Kindern besprochen werden.

Wörtliche Rede

Stelle jeweils Begleitsatz und wörtliche Rede um.
Bert brüllt heiser: „Räum den schrecklich riechenden Raum auf!“
Wim weiß: „Hungrige Vögel fressen auch noch das letzte Korn.“
Mandy murrt: „Laute Handygespräche in der Bahn ärgern mich.“
Gert gesteht ehrlich: „Im Theater habe ich häufig Streit mit Erni.“
Mia fragt: „Wer informiert Jugendliche über interessante Berufe?“
Kai kreischt: „Niemals überquere ich die schräge Hängebrücke!“
Franka fragt: „Sind gute Zeugnisse wichtiger als gute Freunde?“

Wörtliche Rede

Stelle jeweils Begleitsatz und wörtliche Rede um.
Der Chef sagt: „Das Geschäft schließt heute bereits um 9.00 Uhr.“
Fred fordert streng: „Zieht eure dreckigen Schuhe draußen aus!“
Erni erkundigt sich: „Sind Fernseher und Flugzeuge Maschinen?“
Erna sagt: „Gestern war ich ungefähr 3 Minuten brav und fleißig.“
Lea vermutet: „Viele empfinden Musik aus dem Radio als Lärm.“
Der Dieb fragt: „Lässt sich die Tür mit einem Stück Draht öffnen?“
Die Richterin mahnt: „Sie dürfen keine Gesetze mehr verletzen!“

Silbentrennung

Markiere Trennstellen und schreibe die Wörter getrennt auf.

Ra|dio	Ana|nas	Eselsohr	Oberärztin
Etikett	Energie	Ackerbau	Ahornblatt
Alaska	atemlos	Apotheke	alarmieren
Uranus	Amerika	Operation	ökologisch
ebenso	ekelhaft	Edeltanne	überqueren
Orange	Übelkeit	Amazonas	Übungsheft
Elefant	Ehepaar	Abendbrot	überraschen
Ameise	Ewigkeit	Abenteuer	Ofenheizung

Ra-dio

Ana-nas

❗ Einzelne Vokale dürfen nicht abgetrennt werden. Diese Regel sollte mit den Kindern besprochen werden.

Anredepronomen in Briefen

Schreibe die Anredepronomen in dem Brief alle groß (Höflichkeitsform).

Sie	Sie	Sie	Ihrer	Ihre	Ihre	Ihre	~~Ihr~~	Ihr

Sehr geehrter Kommissar Knorke,

als Ihr Fan bewundere ich, wie _____ _____

Fälle lösen. Wenn _____ mit _____ Lupe kommen,

sind Fehler chancenlos. Wie gerne hätte ich _____ Spürnase!

Was muss ich tun, um so schnüffeln zu können wie _____?

Ich warte auf _____ Antwort.

Mit freundlichen Grüßen

_____ Lehrling Knut

Sehr geehrter Kommissar Knorke,

! Die Schreibweise der Anredepronomen in Briefen bei Verwendung der Höflichkeitsform (groß) sollte mit den Kindern besprochen werden.

Anredepronomen in Briefen

Schreibe die Anredepronomen in dem Brief <u>alle groß oder alle klein</u>.

Du/du	Dir/dir	Dir/dir	Dir/dir	Deinen/deinen	Deine/deine	Dein/dein

Hallo Knut,

ich danke ______ für ______ Brief. Gerne verrate

ich ______, wie ______ Nase zur Fehlerspürnase wird.

Lies häufig, schreibe häufig und übe, wenn es notwendig ist. Dann

schnüffelst auch ______ bald in der Königsklasse.

Ich drücke ______ zwei Daumen.

Liebe Schnüffelgrüße

______ Superkommissar

Hallo Knut,

! Die Schreibweise der Anredepronomen in Briefen ohne Verwendung der Höflichkeitsform (einheitlich klein oder groß) sollte mit den Kindern besprochen werden.

Quiz

Kreuze an.

Zu welchem der Wörter mit Ä/ä gibt es kein verwandtes Wort mit A/a?

☐ gefährlich ☐ Ärztin ☐ Träne ☐ quälen

Welches Wort wird nicht mit ie geschrieben, obwohl der i-Laut lang gesprochen wird?

☐ Maschine ☐ dick ☐ bisschen ☐ beginnen

Wie wird das Wort Brücke getrennt?

☐ vor dem ck ☐ zwischen c und k ☐ nach dem ck ☐ gar nicht

Wie wird das Wort Impfung getrennt?

☐ vor dem pf ☐ zwischen p und f ☐ nach dem pf ☐ gar nicht

Wie wird das Wort Fenster getrennt?

☐ vor dem st ☐ zwischen s und t ☐ nach dem st ☐ gar nicht

Darf bei der Worttrennung ein einzelner Vokal (Igel, Elefant, Radio ...) abgetrennt werden?

☐ ja ☐ nein ☐ manchmal ☐ weiß ich nicht

Nach einem Komma schreibt man

☐ klein. ☐ groß. ☐ in Geheim- oder Spiegelschrift.

Das erste Wort der wörtlichen Rede nach einem Doppelpunkt schreibt man

☐ klein. ☐ groß. ☐ mit einem roten Filzstift.

In Briefen schreibt man bei Verwendung der Höflichkeitsform die Anredepronomen (Sie, Ihnen ...)

☐ klein. ☐ groß. ☐ entweder alle groß oder alle klein.

In Briefen an Freunde/Freundinnen schreibt man die Anredepronomen (Du/dein, Dir/dir ...)

☐ klein. ☐ groß. ☐ entweder alle groß oder alle klein.